Franziska Hüther, Susanne Jaeger, Tilman Steinert

Behandlungsverweigerung, Patientenautonomie und Zwangsmedikation

Psychiatrie Verlag

Franziska Hüther, Susanne Jaeger, Tilman Steinert

Behandlungsverweigerung, Patientenautonomie und Zwangsmedikation

Forschung für die Praxis – Hochschulschriften

Psychiatrie Verlag

Franziska Hüther, Susanne Jaeger, Tilman Steinert
Behandlungsverweigerung, Patientenautonomie und Zwangsmedikation
1. Auflage 2018
ISBN 978-3-88414-679-8

Bibliografische Informationen der Deutschen Nationalbibliothek
Die Deutsche Nationalbibliothek verzeichnet diese Publikation in der Deutschen Nationalbibliografie; detaillierte bibliografische Daten sind im Internet über http://dnb.d-nb.de abrufbar.

Die im Text genannten Anhangsdokumente stehen zum Download bereit:
https://www.psychiatrie-verlag.de/buecher/detail/book-detail/behandlungsverweigerung-patientenautonomie-und-zwangsmedikation-1.html

1. Auflage

Umschlaggestaltung: Dorothea Posdiena, Fröndenberg
Satz: Psychiatrie Verlag, Köln
Druck: Schaltungsdienst Lange, Berlin
Psychiatrie-Verlag im Internet: www.psychiatrie-verlag.de

Abkürzungsverzeichnis 6

1 Einleitung 7

1.1 Rechtlicher Hintergrund der Studie 7
1.2 Patientenautonomie 9
1.3 Folgen für die Psychiatrie 10
1.4 Behandlungsverweigerung und Zwangsmaßnahmen 11
1.5 Fragestellung 13

2 Material und Methoden 15

2.1 Vorarbeiten 15
2.2 Teilnehmer und Rekrutierungswege 18
2.3 Erhebungsmethodik 21
2.4 Auswertungsmethode 23
2.5 Gütekriterien 34

3 Ergebnisse 37

3.1 Gruppe Patienten 37
3.2 Gruppe Angehörige 58
3.3 Gruppe Gesundheits- und Krankenpflegepersonal 78
3.4 Gruppe ärztliche Mitarbeiter 98
3.5 Exkurs: Auswirkungen der Rechtslage auf die betroffenen Gruppen 115
3.6 Zusammenfassung der Ergebnisse 120

4 Diskussion 131

4.1 Fragestellung 131
4.2 Ergebnisse zum Thema 132
4.3 Methodenkritik 144
4.4 Schlussfolgerung und Ausblick 147

5 Zusammenfassung 149

6 Literaturverzeichnis 151

Danksagung 162

Die Autorinnen und Autoren 163

Anhang: https://www.psychiatrie-verlag.de/buecher/detail/book-detail/behandlungsverweigerung-patientenautonomie-und-zwangsmedikation-1.html

Abkürzungsverzeichnis

ang	Angehörige
arzt	Ärztliche Mitarbeiter
BGB	Bürgerliches Gesetzbuch
BGH	Bundesgerichtshof
BVerfG	Bundesverfassungsgericht
CAQDAS	Computer Assisted Qualitative Data Analysis Software
DGPPN	Deutsche Gesellschaft für Psychiatrie und Psychotherapie, Psychosomatik und Nervenheilkunde
GK	Gesundheits- und Krankenpflegepersonal
GTM	Grounded Theory Methodology
HU	Hermeneutische Einheit
interven	Intervenierende Bedingung
kons	Konsequenz
kont	Kontext
n	Fallzahl
PD	Primärdokument
pfleg	Pflegepersonal
PsychKHG	Psychisch-Kranken-Hilfe-Gesetz
PZI	Problemzentriertes Interview
QDA	Qualitative Data Analysis Software
StGB	Strafgesetzbuch
str	Strategie
Tab	Tabelle
UBG	Unterbringungsgesetz für psychisch Kranke
urs	Ursache
ZfP	Zentrum für Psychiatrie

1 Einleitung

1.1 Rechtlicher Hintergrund der Studie

Mit den Entscheidungen des Bundesverfassungsgerichts (BVerfG) vom 23.3.2011 und vom 12.10.2011 [17, 18] wurden die Möglichkeiten zur Anwendung von Zwangsbehandlungen in der Psychiatrie durch den Gesetzesgeber stark begrenzt. Sie betrafen jeweils Beschwerden gegen Zwangsbehandlungen von Patienten, die nach § 63 Strafgesetzbuch (StGB) im Maßregelvollzug in Rheinland-Pfalz und Baden-Württemberg untergebracht waren. Es handelte sich um zwei besonders gelagerte Fälle aus der forensischen Psychiatrie [139]. Bemängelt wurden seitens des Bundesverfassungsgerichts die unzureichende Berücksichtigung der Einwilligungs- und Einsichtsfähigkeit des Patienten[1] sowie die Frage der Verhältnismäßigkeit der Zwangsmaßnahmen in den vorliegenden Gesetzestexten [137]. Bei einem Patienten, der zur freien Willensbestimmung fähig sei, wäre eine Zwangsbehandlung grundgesetzwidrig, da durch sie die Selbstbestimmung und körperliche Unversehrtheit verletzt werde. Weiter stehe dem Einzelnen ein »Recht auf Krankheit« zu, sofern er selbstbestimmungsfähig sei [60].

In Baden-Württemberg war die Behandlung von Menschen, die sich im Maßregelvollzug befinden, nach dem Unterbringungsgesetz für psychisch Kranke (UBG) geregelt. Anders als die meisten anderen Bundesländer hat Baden-Württemberg keine separaten Gesetze für die öffentlich-rechtliche Unterbringung und den Maßregelvollzug. Deshalb hatten die Entscheidungen des BVerfG mit Bezug auf den Maßregelvollzug sofortige und unmittelbare Wirkung auf die öffentlich-rechtliche Behandlung psychisch Kranker in psychiatrischen Krankenhäusern. Mangels gültiger rechtlicher Regelung war eine Zwangsbehandlung nach dem UBG mit sofortiger Wirkung nicht mehr möglich [139].

Die Entscheidung des BVerfG war maßgeblich für die Rechtsauffassung der Gerichte. So entschied der Bundesgerichtshof (BGH) am 20.06.2012, dass die Vorgaben durch das Bundesverfassungsgericht auch auf das Betreuungsrecht anzuwenden seien, wodurch sich eine Abkehr des BGH von seiner bisher vertre-

1 Aus Gründen der Einfachheit wird in der vorliegenden Arbeit nur das generische Maskulinum zur Kennzeichnung von Personen beiderlei Geschlechts verwendet. Wenn es sich eindeutig nur um weibliche Personen handelt, werden die generischen Femininae verwendet.

tenen Rechtsauffassung ergab [9]. Auch die in § 1906 Bürgerliches Gesetzbuch (BGB) ausgeführten Regelungen zur Zwangsbehandlung entsprächen nicht den Anforderungen des BVerfG und erlaubten es nicht, den natürlichen Willen eines Patienten mit unfreiwilligen Maßnahmen zu übergehen [139, 137]. Durch diese Entscheidung des BGH war in Baden-Württemberg eine Zwangsbehandlung ab diesem Zeitpunkt weder nach dem UBG noch nach Betreuungsrecht genehmigungsfähig. Als letzte Möglichkeit für Notfallbehandlungen verblieb nur noch der rechtfertigende Notstand nach § 34 StGB, der aber im Grunde nur einmalige Behandlungen in Notfallsituationen ermöglichte. Der rechtlose Zustand wurde durch nachfolgende Gesetzesnovellierungen beendet – zum einen durch den in § 1906 BGB eingefügten Absatz (3) (mit Wirkung vom 26.2.2013) und zum anderen durch das am 1.1.2015 in Baden-Württemberg in Kraft getretene Psychisch-Kranken-Hilfe-Gesetz (PsychKHG).

Festzuhalten ist, dass die vom Bundesverfassungsgericht formulierten Grundsätze den medizinethischen Vorstellungen vollständig entsprechen [134]. Da aber das Verfassungsgericht dem Gesetzgeber keine Übergangsfrist einräumte, entstand eine Regelungslücke. Im Interimszeitraum waren Zwangsbehandlungen nicht genehmigungsfähig, und dies, obwohl das Verfassungsgericht die Voraussetzungen dafür mit entsprechend restriktiven rechtlichen Vorgaben eindeutig beschrieben hatte [134]. Die psychiatrische Fachgesellschaft »Deutsche Gesellschaft für Psychiatrie und Psychotherapie, Psychosomatik und Nervenheilkunde« (DGPPN) bezeichnete dies als unhaltbare Situation und forderte den Gesetzgeber dringend zum Handeln auf [134]. Die Befürworter der Zwangsmedikation führten das Beispiel eines psychotisch erkrankten Patienten an, der bei einer medikamentösen Notfallbehandlung allenfalls anbehandelt werden könnte. Damit sei aber die weitere, bis zur Wiederherstellung der Krankheits- und Behandlungseinsicht notwendige medikamentöse Behandlung nicht in ausreichender Weise möglich [137]. Die DGPPN forderte, die Gesetze der Bundesländer zum Umgang mit psychisch kranken Menschen an die höchstrichterlichen Entscheidungen und an die UN-Behindertenrechtskonvention (UN-BRK) [109] anzugleichen [107].

Gemäß der UN-BRK [109] sollen Menschen mit Behinderungen nicht ausgegrenzt oder anders behandelt, sondern in die Gesellschaft integriert werden. Artikel 12 der UN-BRK fordert für Menschen mit Behinderungen die gleiche Anerkennung vor dem Recht. Durch eine ersetzende Entscheidungsfindung, beispielsweise im Rahmen einer Betreuung, oder durch die Möglichkeit der Zwangsbehandlung von Menschen mit einer psychischen Erkrankung sei diese Gleichstellung nicht gegeben [110]. Juan E. Méndez, Sonderberichterstatter der UN, sprach sich in seinem Bericht über »Folter und andere unmenschliche oder erniedrigende Bestrafungen oder Behandlungen« für ein Verbot von Zwangsbehandlungen aus, die er mit Folter gleichsetzte [98].

1.2 Patientenautonomie

1.2.1 Ethische Grundsätze

Wird einem Patienten das Recht zugestanden, autonom zu entscheiden, kann er auch eine für ihn objektiv schädliche Entscheidung treffen, was die Verweigerung einer vermutlich hilfreichen Behandlung mit einschließt [61, 138]. Voraussetzung dafür ist, dass der Patient selbstbestimmt handelt und unter nachstehend genannten Kriterien als einwilligungsfähig gilt [27]. Der Patient soll frei von Zwang und Manipulation in der Lage sein, die ihm gegebenen Informationen zu verstehen, sie auf seine eigene Situation zu beziehen, eine abwägende Entscheidung zu treffen und diese Entscheidung mitteilen zu können [61]. Im Umkehrschluss gilt, dass der freie Wille des Patienten nur dann ethisch begründbar überwunden werden kann, wenn die Person nicht als einwilligungsfähig anzusehen ist [61, 138]. Entsprechende »unfreie« Willensäußerungen werden als »natürlicher Wille« bezeichnet. Sie reichen von Willensäußerungen unter dem Einfluss von Wahnvorstellungen bis zu bloßen Abwehrbewegungen im Delirium. Zwangsmaßnahmen benötigen somit eine rechtliche, ethische und medizinische Legitimation [61].

1.2.2 Prinzipienbasierte Ethik

In der Medizin hat sich die prinzipienbasierte Ethik als theoretischer Rahmen in den letzten Jahrzehnten verbreitet etabliert [10]. Beauchamp und Childress untersuchten in den 1970er-Jahren sämtliche medizinethischen Vorstellungen seit Hippokrates und destillierten vier Kernprinzipien heraus: das Handeln zum Wohl des Patienten (beneficence), die Vermeidung von Schaden (nonmaleficence), Gerechtigkeit (fairness) sowie den Respekt vor der Autonomie des Patienten (autonomy) [6]. Nach heutiger ethischer Auffassung sind diese Prinzipen gleichberechtigt. Im Fall einer Behandlungsverweigerung können sie vom Behandler aber nicht gleichrangig verfolgt werden, sondern stehen in einem Konflikt zueinander.

Aus diesen Prinzipien ergibt sich nach einer ethischen Stellungnahme der DGPPN für eine Zwangsbehandlung folgende Begründung [27]: Wenn ein Patient aufgrund krankheitsbedingter Einsichtsunfähigkeit nicht in der Lage ist, selbstbestimmt zu handeln, und er beispielsweise eine indizierte medikamentöse Behandlung ablehnt, kann es möglicherweise zu einer Selbst- oder Fremdgefährdung kommen. Um den Schaden von dem Patienten abzuwenden, der aus seinem Mangel an Einsichtsfähigkeit in die Folgen einer Nichtbehandlung entstehen kann, sei es gerechtfertigt, ihn auch gegen den natürlichen (nicht freien) Willen, notfalls unter Einsatz von Zwang zu behandeln. Insbesondere bei den schwer Kranken könne es ein Verstoß gegen das Prinzip der Gerechtigkeit sein, eine Zwangsbehandlung zu unterlassen, weil es unethisch wäre, ausgerechnet ihnen die notwendige Behandlung vorzuenthalten. Zudem wird das Ziel angeführt, die eingeschränkte Selbstbestimmungsfähigkeit mit der zwangsweisen Behandlung wiederherzustellen [27]. Lehnt der nun wieder einsichtsfähige Patient dann freilich eine Fortführung der Behandlung ab, hat er ein »Recht auf Krankheit«. Die Behandlung kann dann nicht gegen seinen Willen fortgesetzt werden. Diese Auffassung wurde so auch von der Zentralen Ethikkommission der Bundesärztekammer geäußert [160].

Carson und Lepping [21] kritisieren, dass in der prinzipienbasierten Ethik die Abwägung des Nutzens und des Schadens dem Arzt vorbehalten sei, während der Patient darauf vertrauen solle, dass für ihn die richtige Entscheidung getroffen werde. Sie schlagen vor, Patientenaussage und ärztliche Meinung in gleichem Maße zu gewichten und durch den Prozess des Aushandelns ein besseres Ergebnis für beide Seiten zu erreichen. Sjöstrand et al. [127] geben zu bedenken, wenn die Autonomie eher als ein Wert denn als ein Recht angesehen werde, bestünde die Gefahr, dass man Patientenentscheidungen mit dem Argument abwehre, es gehe darum, sie zu beschützen oder ihre Autonomie zu gewährleisten – dies sei dann Paternalismus im Namen der Autonomie.

1.3 Folgen für die Psychiatrie

Die gesetzlichen Veränderungen wurden von der Fachwelt unterschiedlich aufgenommen. Im Zuge der Aufwertung des »natürlichen Willens« und somit der Patientenautonomie wurde vermutet, dass es durch das Ausbleiben einer effektiven (medikamentösen) Behandlung der zugrunde liegenden Erkrankung zu einer unnötigen Verlängerung von Klinikaufenthalten komme [137]. Man befürchtete vermehrte Übergriffe seitens agitierter Patienten auf Personal und Mitpatienten und eine angespannte Stationsatmosphäre [108, 137, 138] und in deren Folge auch eine Zunahme von Sicherungsmaßnahmen wie Isolierungen und Fixierungen [108]. Durch die ausbleibende Behandlung könne die Erkrankung des Patienten chronifizieren, mit allen negativen Folgen [138]. Im schlimmsten Falle drohe Tod, beispielweise bei Anorexie oder Suizid bei einer unbehandelten Depression. Zudem komme eine hohe Belastung auf die Angehörigen und das Umfeld der Patienten zu [138]. Tatsächlich stellten Kasper et al. [76] in einer Studie fest, dass Patienten, die die medikamentöse Behandlung verweigerten, unter stärkeren psychopathologischen Symptomen litten und eine negativere Einstellung gegenüber einem Krankenhausaufenthalt hatten. Dies galt für vergangene, aktuelle und zukünftige Behandlungen. Zudem waren diese Patienten eher aggressiv und es kam verstärkt zu Fixierungen oder Isolierungen. Längere Krankenhausaufenthalte waren nötig [76]. Des Weiteren komme es vermehrt zu Übergriffen durch Patienten, die eine Behandlung verweigerten [116]. Im Zeitraum des gesetzlichen Vakuums und des Ausbleibens von Zwangsmedikationen ließ sich ein signifikanter Anstieg von Zwangsmaßnahmen und Patientenübergriffen auf den Stationen verzeichnen [38].

Bedingt durch die veränderte Gesetzeslage und Kritik der Öffentlichkeit an der Behandlungspraxis in der Psychiatrie wurde jedoch auch das Bewusstsein um ethische und rechtliche Probleme von Zwangsmaßnahmen geschärft [140]. Einerseits wurde vermerkt, die Ärzte hätten sich in der Zeit der Regelungslücke an der schmalen Grenze zwischen Körperverletzung und Freiheitsberaubung und unterlassener Hilfeleistung bewegt [133]. Andererseits wurde zu bedenken gegeben, dass in den letzten Jahren schlicht zu wenig im Bereich der Prävention zu medikamentösen Zwangsbehandlungen und zu alternativen Behandlungen geforscht worden war und es wurde ein grundlegend neuer Umgang mit dem Thema Zwang in der Psychiatrie gefordert [161]. Ein stärkerer Fokus auf einer personenzentrierten Behandlungsgestaltung wurde als nötig angesehen [108]. In der Praxis ließ sich dieser veränderte Umgang mit den Patienten teilweise schon beobachten. Vermehrt bemühte man sich um eine beteiligende Gestaltung der Behandlung, die sich an den Wünschen und Vorstelllungen des Patienten orientierte, und es konnten gemeinsam tragfähige Entscheidungen getroffen werden [138, 162]. Die behandelnden Ärzte stellten fest, dass sie meist in der Lage waren, die Patienten auch ohne Anwendung von Zwang von einer Behandlung zu überzeugen [140].

1.4 Behandlungsverweigerung und Zwangsmaßnahmen

1.4.1 Behandlungsverweigerung

Die Gründe für eine Verweigerung der verordneten Medikation sind zahlreich. Nach einer Übersichtsarbeit aus England zählen hierzu Krankheitsuneinsichtigkeit, Nebenwirkungen der Medikamente, Wahn, Unwirksamkeit der Medikamente, strukturelle Probleme der Einrichtung und Probleme mit deren Mitarbeitern [116]. Meist leiden die Patienten unter schizophrenen oder schizoaffektiven Störungen, eine Einweisung liegt nur kurz zurück und sie verweigerten die Behandlung bereits in der Vergangenheit [116].

1.4.2 Zwangsmaßnahmen

Unfreiwillige Maßnahmen umfassen Sicherungsmaßnahmen wie Fixierung und Isolierung und eine zwangsweise medikamentöse Behandlung [90]. Eine medikamentöse Behandlung unter Zwang wurde von den beiden deutschen Arbeitskreisen zur Prävention von Gewalt und Zwang 2013 folgendermaßen definiert:

> »*Als Zwangsmedikation wird eine gegen den erklärten oder gezeigten Willen eines Patienten/einer Patientin durchgesetzte Medikamentenverabreichung bezeichnet, bei der dem Patienten/der Patientin trotz Ablehnung keine Alternative außer ggf. einer sonst erfolgenden anderen Zwangsmaßnahme verbleibt. Rechtsgrundlage ist entweder ein richterlicher Beschluss oder – als Notfallbehandlung – ein rechtfertigender Notstand im Sinne des § 34 StGB.*« [136, S. 397]

Man kann davon ausgehen, dass bislang ca. 2 % bis 8 % der psychiatrischen Patienten während ihres stationären Aufenthaltes unfreiwillig medikamentös behandelt wurden [131]. Vom Störungsbild her sind überwiegend Menschen mit schizophrenen, bipolaren oder anderen psychotischen Störungen betroffen [67, 73, 131]. Die Prävalenz von Zwangsmaßnahmen unterliegt national und international starken Schwankungen [90].

Die betroffenen Patienten nehmen unfreiwillige Maßnahmen sehr unterschiedlich wahr. Dies ist auch abhängig von der Art der Zwangsmaßnahme. In den letzten Jahren gab es einige Untersuchungen zum Thema Zwangsmaßnahmen und zur Unfreiwilligkeit eines stationären Aufenthaltes in der Psychiatrie. In einer ganzen Reihe von Studien zu subjektiven und objektiven Auswirkungen von Zwangseinweisung und gesetzlicher Unterbringung in stationäre Behandlung ließ sich zeigen, dass nicht nur freiwillige, sondern auch viele unfreiwillig behandelte Patienten im Nachhinein angeben, die Behandlung habe ihnen genützt [75, 78, 81, 126]. So gab in einer qualitativen Studie immerhin ein Drittel der zwangsweise eingewiesenen Patienten retrospektiv an, ausschließlich eine Verbesserung der Symptome und keine Beschränkung ihrer Autonomie erfahren zu haben, was die Autoren als »ethischen Nutzen« bewerteten. Bei den Patienten mit freiwilligem Aufenthalt war dies die Hälfte. Hingegen gaben 23 % der Unfreiwilligen und 13 % der Freiwilligen an, ausschließlich »ethische Kosten« wie die Beschränkung ihrer Autonomie und keine Symptomverbesserung erfahren zu haben. Selbst unter den Patienten, die die Einweisung und den nachfolgenden stationären Aufenthalt als ausschließlich negativ erfahren hatten, waren nur wenige, bei denen sich objektiv keinerlei Verbesserung feststellen ließ [81].

Gerade die qualitativen Studien zu Zwangseinweisungen [78, 115, 126] zeigen, dass Interviews mit Betroffenen einen tiefen Einblick in die Problematik erlauben. Im Bereich der Medikamentenverweigerung und Zwangsmedikation sind aktuelle qualitative Studien zu den Auswirkungen und zum subjektivem Erleben speziell medikamentöser Zwangsbehandlung rar.

So befragten Finzen et al. 54 zwangsmedizierte Patienten retrospektiv zu ihrem Erleben und ihren Erfahrungen [37]. 76 % der Befragten gaben an, dass die Zwangsmedikation mithilfe von anderen Maßnahmen hätte verhindert werden können. 40 % beschrieben sie als »schwere Demütigung und Kränkung«, 31 % als »Strafe« und nur 13 % als »Erlösung«. Rückblickend betrachteten 44 % der Befragten die Zwangsmedikation als sinnlos, 18 % sahen sie als notwendig an. Auffallend ist, dass 33 % die Maßnahme während ihrer Durchführung als belastend, gleichzeitig aber auch erleichternd empfanden. Zwanzig Prozent der Befragten empfanden die Zwangsmedikation als belastender und negativer als eine Isolierung [37].

Veltkamp et al. [156] stellten fest, dass Patienten, die eine Zwangsmedikation und/oder eine Isolierung während eines stationären Aufenthalts erfahren hatten, beide Maßnahmen als gleich wirksam empfanden, aber auch beiden in gleichem Maße ablehnend gegenüberstanden [156]. Auch in einer Übersichtsarbeit von Lincoln et al. [90] zu medikamentösen Zwangsmaßnahmen ergab sich keine eindeutige positive oder negative Präferenz der Patienten von Zwangsmedikationen im Vergleich zu anderen Zwangsmaßnahmen.

Hingegen fanden Georgieva et al., dass die betroffenen Patienten die Zwangsmedikation im Vergleich zu Isolierung, Fixierung und zu kombinierten Maßnahmen noch als am wenigsten belastend und erniedrigend empfanden. Am schlechtesten bewertet wurde die Kombination von Isolierung und Fixierung ohne eine Medikamentengabe [46]. Georgieva et al. [47] zeigten außerdem in einer randomisierten Studie, dass die Anwendung von Zwangsmedikation die Anzahl von Isolierungen verringerte, nicht aber deren Dauer.

1.5 Fragestellung

Vor dem Hintergrund der temporär veränderten rechtlichen Lage ergab sich eine quasi-experimentelle Situation. Sie bot die Gelegenheit zu untersuchen, wie sich ein erzwungener Verzicht auf Zwangsbehandlungen auf alle in die Situation involvierten Beteiligten ausgewirkt hat und wie er von diesen erlebt wurde. Es wurde ein qualitativer Untersuchungsansatz gewählt, um die individuellen Sichtweisen der Befragten intensiv kennenzulernen, sie zusammenzuführen und zu vergleichen. Die unterschiedliche Einschätzung der Situation, die Wünsche und Vorstellungen der betroffenen Patienten, ihrer Angehörigen, der beteiligten Ärzte und Mitarbeitenden in der Krankenpflege sollten erfasst und vergleichend analysiert werden, um mögliche Konfliktherde, aber auch eventuelle Berührungspunkte zu identifizieren und genauer zu beleuchten. Gegebenenfalls sollten die verschiedenen Sichtweisen Ansätze bieten für eine konstruktive Lösung des Konflikts zwischen dem Recht auf Autonomie und dem professionellem Anspruch, Schaden zu verhindern.

Uns interessierten speziell folgende Punkte:

- Wie erlebten Patienten, ihre Angehörigen, die Pflegekräfte auf den Stationen und Ärzte/Therapeuten diese Situation?
- Wie erlebten die Beteiligten sich gegenseitig?
- Mit welchen Strategien wurden die eigenen Anliegen verfolgt?
- Mit welchen Ergebnissen?
- Wo gibt es Ansatzpunkte für eine Lösung?

2 Material und Methoden

2.1 Vorarbeiten

2.1.1 Bestimmung der Teilnehmerstichprobe

Am Beginn des Projekts stand die Frage, welche Gruppen für das Verständnis des komplexen Handlungsablaufs von Medikamentenverweigerung und Zwangsmedikation von Bedeutung sind. Beim Ablauf einer Zwangsmedikation ist häufig eine Vielzahl verschiedener Berufs- und Gesellschaftsgruppen involviert. Wir einigten uns darauf, aus der Perspektive der psychiatrischen Station auf jeden Fall Ärzte und Pflegekräfte einzubeziehen.

Pflegekräfte erleben Interaktionen und Dynamik auf einer psychiatrischen Station unmittelbar mit. Sie führen ärztlich angeordnete Behandlungsmaßnahmen durch und stehen daher im direkten Kontakt mit den Patienten. Möglicherweise sind sie bei unzureichender medikamentöser Behandlung vermehrt von Aggressionen unbehandelter Patienten betroffen und müssen vermehrt mechanische freiheitseinschränkende Maßnahmen durchsetzen, um Schaden abzuwenden.

Ärzte befinden sich in einem ethischen Zwiespalt zwischen dem Respekt vor der Patientenautonomie und dem möglichen Vorwurf der unterlassenen Hilfeleistung, falls sie ihren Patienten medikamentös unbehandelt lassen.

Eine weitere wichtige Gruppe, die in erheblichem Maße betroffen ist, wenn Patienten unzureichend behandelt aus den Kliniken entlassen werden und weiter unter Krankheitssymptomen leiden, sind die Angehörigen. Bei ihnen ist andererseits denkbar, dass sie einen Wegfall der Möglichkeit zu Zwangsbehandlungen auch positiv erfahren.

Die wichtigste Gruppe der Betroffenen sind diejenigen Patienten, die sich einer medikamentösen Behandlung verweigern und aufgrund fehlender Zulässigkeit einer Zwangsbehandlung bei einem Klinikaufenthalt unbehandelt bleiben und dann gegebenenfalls auch unbehandelt entlassen werden.

2.1.2 Vorgespräche und Recherchen

Ziel der Vorgespräche mit Betroffenen war es, durch möglichst offene Interviews einen Überblick über die aktuelle Situation im klinischen Alltag zu gewinnen und erste Eindrücke zu bekommen, welche Themen für die Betroffenen wichtig sind, um daraus einen Interviewleitfaden für eine weitere Untersuchung erstellen zu können. Hierfür wurde die Technik des narrativen Interviews nach SCHÜTZE [125] angewandt. Der Grundgedanke des narrativen Interviews ist es, soziale Phänomene so direkt wie möglich durch das Gesagte des Erzählenden rekonstruieren zu können. Es wird ein unstrukturiertes, offenes Gespräch geführt [5]. Das Gespräch beginnt mit einer Eröffnungsfrage, die den Befragten zum Erzählen anregen soll. Im weiteren Verlauf kann nachgefragt werden. Durch interessiertes Zuhören, wohlwollendes Verhalten und nonverbale Signale wird das Gespräch in Gang gehalten [101].

Als Vorbereitung für die Vorgespräche wurde eine Literaturrecherche durchgeführt. Von Interesse waren Untersuchungen, die sich mit dem Thema Zwangsmaßnahmen und Unfreiwilligkeit der stationären psychiatrischen Behandlung beschäftigten, also zu subjektiven und objektiven Auswirkungen von Zwangseinweisung und gesetzlicher Unterbringung und zu Auswirkungen und subjektivem Erleben speziell medikamentöser Zwangsbehandlung. Für Letzteres gab es relativ wenig Literatur. Außerdem fehlten zum Zeitpunkt der Recherche systematische Untersuchungen zu den Folgen der Beschlüsse des Bundesverfassungsgerichts für den Behandlungsalltag auf den Stationen und zu den Erfahrungen der Betroffenen damit, die medikamentöse Behandlung verweigern zu können.

Die gewonnenen Informationen dienten zur Erstellung eines vorläufigen Leitfadens, der als Gedächtnisstütze diente [104]. Hierin waren Stichworte notiert, die im Interview erfragt werden sollten: Auswirkungen der Gesetzesänderung auf das Individuum; Psychiatrie im Allgemeinen; Umgang mit den betroffenen Patienten; Auswirkungen auf die Beziehungen zwischen Arzt/ Pfleger und Patient; Motive der Verweigerung; Lösungsvorschläge der Gesprächspartner.

Eröffnet wurden die Gespräche mit der Frage, was sich seit den Beschlüssen des Bundesverfassungsgerichts [17, 18] geändert habe. Dazu berichteten die Befragten spontan. Die Perspektive des Gesprächspartners wurde dadurch deutlich, dass er seine eigene Sprache gebrauchen und seine Sicht der Dinge berichten konnte, ohne durch vorformulierte Fragen in eine Richtung gedrängt zu werden [vgl. 5]. Die Interviewerin unterstützte gegebenenfalls durch Nachfragen die Erzählung, falls der Erzählende vom Thema abwich [vgl. 95, S. 73].

Die Gespräche hatten eine Länge von 13:59 min bis 33:12 min. Es wurde mit zwei Ärzten gesprochen, die im Tätigkeitsfeld der Allgemeinpsychiatrie arbeiten, einer Pflegekraft sowie einer Patientin, die im Vorfeld Medikamente verweigert hatte und während des Interviews unfreiwillig untergebracht war.

Diese Interviews wurden transkribiert und unter dem Gesichtspunkt ausgewertet, was für Themen für die Behandlungsverweigerung von Interesse sein könnten.

2.1.3 Erstellung eines Interviewleitfadens

Der Leitfaden ist ein vorformuliertes, strukturiertes Frageschema, das hilft, ein Gespräch zu strukturieren, und dem Interviewer auch als Gedächtnisstütze dient. Die zentralen Aspekte des Interviewleitfadens wurden durch die Themenstellung aufbereitet [145]. Der Leitfaden soll als Orientierungsrahmen dienen und es ermöglichen, die Vergleichbarkeit der Interviews zu sichern [158].

Mithilfe der in den Probeinterviews und durch die Literaturrecherche gewonnenen Informationen wurden sechs Kernthemen herausgearbeitet, die von Interesse waren:

- Emotionen und Bewertung
- Auswirkungen auf die Beziehungen
- Verhalten im Umgang mit der Situation der Verweigerung
- Autonomie
- Konsequenz aus der Verweigerung
- Gesetzesänderung

Am Beginn des Leitfadens stand eine Einführung, in der der/dem Befragten erklärt wurde, dass es vor allem um seine persönliche Sicht der Dinge geht und Fragen nur als Erzählanstoß dienen. Daraufhin wurden Beispiele für eine Eröffnungsfrage notiert, die offen gestellt werden sollte. Danach fanden sich zu den bereits genannten Kernthemen Ideen und vorformulierte Fragen. Am Ende stand eine abschließende Frage, die den Interviewten auffordern sollte, noch nicht angesprochene Themen zu nennen. MAYRING beschreibt diese verschiedenen Fragetypen als Sondierungsfragen und Leitfadenfragen. Ferner hat der Interviewer die Möglichkeit, Ad-hoc-Fragen zu stellen, wenn im Gespräche Aspekte aufkommen, die nicht im Leitfaden verzeichnet sind [95, S. 70].

Da heterogene Gruppen befragt wurden, wurden insgesamt drei verschiedene Leitfäden entwickelt, für Mitarbeiter, Patienten und Angehörige (siehe Anhang A).

2.2 Teilnehmer und Rekrutierungswege

2.2.1 Stichprobenauswahl

Das Sampling in der quantitativen Forschung basiert auf der Auswahl eines Teils einer Population, mit dem Ziel, die gesamte Population zu repräsentieren, auf die man generalisieren möchte [145, S. 161]. Im Unterschied dazu soll die Stichprobenkonfiguration in der qualitativen Forschung prozessbegleitend getroffen werden, konsekutiv in Abhängigkeit vom jeweiligen Stand der Erkenntnis- und Theorieentwicklung [15, S. 58].

Es wurde versucht, diesen Vorgaben dadurch zu entsprechen, dass nach Durchführung der ersten Interviews überlegt wurde, welche Standpunkte die Interviewpartner vertraten und welche dazu als konträr anzusehen waren. Daraufhin wurden gezielt weitere Teilnehmer angesprochen, von denen man sich eine andere Ansicht erhoffte. Dadurch sollte eine sogenannte maximale Variation erreicht werden. Weniger die Anzahl der untersuchten Personen oder Situationen war als maßgebend anzusehen, sondern die Unterschiedlichkeit der einbezogenen Fälle [39]. Diejenigen wurden ausgewählt, die die größte Chance boten, die relevantesten Daten über das zu untersuchende Phänomen und für die zu entwickelnde Theorie gewinnen zu können [105]. Grundidee der Befragung war es, allgemeine Konzepte dafür darstellen zu können, wie die Gruppen Behandlungsverweigerung erleben. Dies sollte durch Aufsuchen maximal kontrastierender Fälle erreicht werden [105, 122].

Nach jedem weiteren ausgewerteten Gespräch wurde erneut überlegt, welche weiteren Interviewpartner noch in die Studie mit eingeschlossen werden könnten, um eine theoretische Sättigung mit möglichst hoher Varianz zu erreichen. Dieses Vorgehen kann als zirkulär beschrieben werden [122]. Begrenzt wurde das Sampling durch das Erreichen der theoretischen Sättigung. Dies beschreibt den Punkt der Analyse, an dem zusätzliche Daten und eine weitere Auswertung keine neuen Eigenschaften der Kategorie mehr erbringen. Es wurden somit keine neuen Teilnehmer mehr rekrutiert, als sich die Beispiele einer Kategorie im Material wiederholten [105; 149, S. 33].

2.2.2 Rekrutierung, Auswahlkriterien und Rahmenbedingungen der Datenerhebung

Insgesamt nahmen 32 Probanden an der Studie teil. Der Zeitraum der Datenerhebung erstreckte sich von November 2012 bis September 2013. Pro Proband fand ein Gespräch statt. Es wurde in einem dyadischen Setting geführt, ein Interviewender und ein Interviewter, und fand in einem geschlossenen Raum statt. Zwei Gespräche wurden telefonisch geführt. Diese Möglichkeit stellte eine Kosten- und Zeitersparnis dar, weshalb der Nachteil des Informationsverlusts vernachlässigt werden konnte [101].

Es konnten elf Patienten für die Teilnahme gewonnen werden. Der Großteil (n = 10) befand sich während des Studieneinschlusses in stationärer Behandlung in Einrichtungen der ZfP Südwürttemberg mit den Standorten Weissenau, Ravensburg und Friedrichshafen. Ebenfalls wurde mit einem Patienten gesprochen, der sich zum Zeitpunkt des Gesprächs in keiner stationären Behandlung befand. Als Einschlusskriterium galt, dass bei unfreiwilligem Aufenthalt Medikamente verweigert wurden. Dies war bei einigen Teilnehmern zum Zeitpunkt des Gesprächs der Fall. Bei anderen lag die Verweigerung bereits in der Vergangenheit und es wurde rückblickend darüber gesprochen. Da Patienten mit schizophrenen und manischen Erkrankungen erfahrungsgemäß am häufigsten von Zwangsbehandlungen betroffen sind, wurde die Patientenstichprobe auf diese Diagnosegruppen (nach ICD 10: F2x.x, F30.x, F31.x) [29] beschränkt. Um infrage kommende Patienten zu rekrutieren, wurde mit den behandelnden Ärzten Rücksprache gehalten, die die infrage kommenden Patienten über die Möglichkeit einer freiwilligen Teilnahme nach entsprechender Aufklärung informierten. Nachfolgend kam der Kontakt mit der Interviewerin zustande.

Angehörige (n = 8) wurden mit dem Einverständnis betroffener Patienten über die Stationen (n = 6) erreicht oder in einer Angehörigengruppe (n = 2) aufgesucht und auf eine Teilnahmemöglichkeit angesprochen. Hier wurden Angehörige von Patienten einbezogen, die aktuell oder in der Vergangenheit unfreiwillig untergebracht waren, Medikamente verweigert hatten und gemäß der Rechtslage trotz gegebener Indikation aus ärztlicher Sicht zumindest zeitweise nicht medikamentös behandelt wurden.

Die Zusammensetzung der Stichprobe aus Patienten und Angehörigen zeigt Tabelle 1, S. 20.

Ärztliche Mitarbeiter (n = 6) waren tätig in den Einrichtungen des ZfP Südwürttemberg mit den Standorten Weissenau, Ravensburg, Zwiefalten sowie im Klinikum Heidenheim. Sie wurden seitens der Studienleitung angesprochen und für eine Teilnahme motiviert. Hier war entscheidend, dass sie Behandler von Patienten waren, die aktuell oder in der Vergangenheit unfreiwillig untergebracht waren und trotz gegebener Indikation aus ärztlicher Sicht die Medikamente verweigerten.

Gesundheits- und Krankenpflegepersonal (n = 7) wurden ebenfalls in oben genannten Einrichtungen ausgewählt. Entscheidend für die Studienteilnahme war der Kontakt mit Patienten, welche oben genannten Kriterien erfüllten. Zu Beginn wurden Gesundheits- und Krankenpfleger im Stationsalltag angesprochen. Im weiteren Verlauf kam es zur gezielten Kontaktaufnahme mit Pflegekräften in

Tabelle 1: Beschreibung der Stichprobe Patienten und Angehörige (Daten wurden erhoben im ZfP Südwürttemberg mit den Standorten Weissenau, Ravensburg Zweifalten während des Zeitraums 11/12–09/13)

Gruppe	Mittleres Alter in Jahren (min., max.)	F2x.x (n)	F3x.x (n)	F00 (n)	Mittlere Anzahl der Klinikaufenthalte (min., max.)
Patienten n = 11 (w:m, 5:6)	42,7 (25, 60)	72,2 % (8)	18,2 % (2)	keine	9,7 (1, 30)
Angehörige n = 8 (w:m, 5:3)	43,9 (19, 72)	62,5 % (5)	12,5 % (1)	25,0 % (2)	

Die Daten wurden erhoben im ZfP Südwürttemberg mit den Standorten Weissenau, Ravensburg und Zwiefalten im Zeitraum von November 2012 bis September 2013. Die Diagnosecodes bei den Angehörigen beziehen sich auf ihr erkranktes Familienmitglied. Abkürzungen: max: maximales; min: minimales, w: weiblich; m: männlich; n: Fallzahl; F2x.x: Störung aus dem schizophrenen Formenkreis; F3x.x: Affektive Störung; F00: Organische psychische Störung

verschiedenen Positionen. Die Zusammensetzung der Stichprobe aus ärztlichen Mitarbeitern und Gesundheits- und Krankenpflegekräften zeigt Tabelle 2.

Tabelle 2: Beschreibung der Stichprobe Ärztliche Mitarbeiter und Pflegekräfte

Gruppe	Mittleres Alter in Jahren (min., max.)	Mittlere Anzahl Jahre der Berufserfahrung (min., max.)
Ärztliche Mitarbeiter n = 6 (w:m, 0:6)	46,0 (30, 55)	17,3 (2, 29)
Pflegekräfte n = 7 (w:m, 2:7)	40,2 (26, 49)	20,2 (3, 36)

2.2.3 Ethische Aspekte

Das Forschungsvorhaben wurde der unabhängigen Ethikkommission der Universität Ulm zur Beratung vorgelegt und von dieser bewilligt. Vor Beginn der Befragung wurde mit den Teilnehmern ein ausführliches Aufklärungsgespräch geführt, insbesondere über die Freiwilligkeit der Teilnahme, Schweigepflicht der Interviewerin und die Anonymität der erhobenen Daten. Erklärten sich diese daraufhin bereit, teilzunehmen, unterschrieben sie einen Informed Consent, bestehend aus Einwilligungserklärung und Information zum Datenschutz in doppelter Ausführung. Eine Ausfertigung wurde den Teilnehmern ausgehändigt. Die Anonymität wurde dadurch gewährleistet, dass die Namen der Probanden bereits auf der Einwilligung verschlüsselt wurden und somit keinen Eingang in die Studienunterlagen fanden. Im weiteren Verlauf wurden alle Daten, die eine Zuordnung zu den Befragten ermöglicht hätten, anonymisiert.

2.3 Erhebungsmethodik

2.3.1 Das problemzentrierte Interview

Als Erhebungsmethodik wurde das problemzentrierte Interview (PZI) nach WITZEL gewählt. Dieser Interviewtypus unterliegt drei zentralen Kriterien, der Prozessorientierung, der Gegenstandorientierung und der Problemorientierung [40]. Durch Einhalten dieser Kriterien soll eine unvoreingenommene Erfassung individueller Handlungen, subjektiver Wahrnehmungen und Verarbeitungsweisen gesellschaftlicher Realität erreicht werden [158].

Das problemzentrierte Interview wurde mithilfe des erstellten Leitfadens geführt, welcher als Hintergrundfolie diente und sicherstellte, dass alle relevanten Fragen abgedeckt wurden [158]. Die Fragen nahmen eine aktive, gestaltende Funktion ein [101]. Ebenso wurde ein offener Interviewstil angewendet [97, S. 68]. Dadurch hatte das Erzählprinzip wie beim narrativen Interview Vorrang. Damit wurde ermöglicht, dass die Bedeutungsstrukturierung der sozialen Wirklichkeit aufseiten des Interviewten blieb [84, S. 333].

In der Studie wurde das PZI als diskursiv-dialogisches Verfahren angewandt [vgl. auch 100]. Die Befragten wurden als Experten verstanden, die selbst am besten und detailliertesten über die von ihnen erlebte Problemsituation berichten konnten, wie dies auch MEY beschreibt [100]. Da soziale Prozesse und Situationen rekonstruiert werden sollten, eignen sich hierfür sogenannte Experteninterviews [51, S. 13].

Im Interview wurden teilweise heikle und emotionsaufgeladene Themen angesprochen. Dazu war es nötig, zwischen den Gesprächspartnern Vertrauen zu schaffen. WITZEL schreibt dazu:

> »*Wenn der Kommunikationsprozess sensibel und akzeptierend auf die Rekonstruktion von Orientierungen und Handlungen zentriert wird, entsteht bei den Befragten Vertrauen und damit Offenheit, weil sie sich in ihrer Problemsicht ernst genommen fühlen. Dieses Vertrauensverhältnis fördert die Erinnerungsfähigkeit und motiviert zur Selbstreflexion.*« [158, S. 2]

Durch die offene Gesprächssituation konnte eine Vertrauensbasis entstehen. Die Beteiligten wurden dabei zu gleichberechtigten Gesprächspartnern.

2.3.2 Durchführung

Vor Beginn des Interviews wurde ein ausführliches Aufklärungsgespräch mit den Interviewten geführt, welches Ziel und Vorgehensweise der Untersuchung und die Unterzeichnung der Einwilligungserklärung beinhaltete. Am Anfang wurden

Sondierungsfragen gestellt, um zu sehen, ob das Thema für den Gesprächspartner relevant ist und welche subjektive Bedeutung er diesem beimisst. Sofern bei den Interviewten erst eine Vertrauensbasis geschaffen werden musste, wurden die konkreteren Fragen zum Thema Verweigerung erst später gestellt. Danach wurden die oben genannten Punkte in einer losen Abfolge erfragt. Abschließend wurde der Gesprächspartner gefragt, ob er wichtige Themen, welche nicht angesprochen worden waren, noch erörtern wolle. Dadurch wurde die Offenheit des Gesprächs noch einmal betont. Somit konnten Informationen erfragt werden, welche in der Vorarbeit nicht berücksichtigt werden konnten [51, S. 149].

2.3.3 Weiterverarbeitung der Daten

Nach Beendigung des Gesprächs hielt die Interviewerin Kontextdaten der Interviewpartner fest, die je nach Gruppe variierten. Sie beinhalteten bei Pflegepersonal und ärztlichen Mitarbeitern Alter, Geschlecht und Jahre der Berufserfahrung. Bei Patienten sowie Angehörigen wurde(n) die relevante(n) Diagnose(n) des Betroffenen, Alter und Geschlecht notiert. Ebenfalls wurde von der Interviewerin ein Motto verfasst, das eine typische Aussage des Interviewpartners beinhaltete, durch die er charakterisiert werden konnte. Darauf folgte eine kurze Zusammenfassung der Kernaussagen des Gesagten. Diese Vorgehensweise ergab sich aus verschiedenen Methoden, zum einen aus der Verfassung eines Postskripts wie bei Witzel, zum anderen aus der Kurzbeschreibung der Interviewten, welche beim thematischen Codieren nach Flick angewandt wird. Bei den Postskripten handelt es sich um eine knappe Zusammenfassung des Inhalts des Gesprächs, Notieren von Milieudaten, Auffälligkeiten während des Gesprächsverlaufs sowie Gedanken zur Auswertung [158]. Ebenso dienen diese Postskripte dazu, das weitere Vorgehen für das theoretische Sampling planen zu können [145, S. 152]. Die Kurzbeschreibung ist als Einzelfallanalyse im Sinne eines ersten Schritts der Auswertung zu verstehen. Sie beinhaltet das bereits genannte Motto, die Darstellung des Interviewten (soziodemografische Daten) und themenbezogene Kernaussagen des Interviews [40].

Die Gespräche wurden mithilfe eines Tonbandgeräts aufgezeichnet, um danach transkribiert werden zu können. Transkribiert wurde in Anlehnung an das einfache Transkriptionssystem aus dem Praxishandbuch für Transkription [31]. Die Gespräche wurden mehrfach abgehört und die Transkripte überarbeitet. Dadurch sollte eine hohe Übereinstimmung zwischen Wort und Schrift erreicht werden. Die Daten wurden anonymisiert, sodass Rückschlüsse auf die Person nicht mehr möglich waren. Insgesamt wurden Gespräche im Umfang von 11,5 Stunden transkribiert und analysiert.

Abschließend wurden die transkribierten Interviews mit der nach dem Gespräch verfassten Notiz versehen und der Forschungspartnerin zur Durchsicht übergeben. Dieses gemeinschaftliche Bearbeiten der Texte diente zur Qualitätssicherung des erhobenen Materials. Die Forschungspartnerin konnte somit bewerten, ob der Leitfaden beachtet wurde und alle Themen abgedeckt wurden, welche neuen Aspekte angesprochen wurden und deren Relevanz.

2.4 Auswertungsmethode

Um das Material auszuwerten, kam das Verfahren des theoretischen Codierens im Rahmen von Grounded Theory Method zur Anwendung. Dieses Analyseverfahren eignet sich, um eine gegenstandsbegründete oder gegenstandsverankerte Theorie zu entwickeln [12]. Die hier angewandte Methode ist angelehnt an das Codieren bei Strauss und Corbin, bei dem zwischen »offenen«, »axialen« und »selektiven« Codierprozessen unterschieden werden kann. Dieses Verfahren kann als Weiterentwicklung der formulierten Grundidee der Grounded Theory Methodology (GTM) verstanden werden [102]. Diese Codierverfahren sollen nicht als klar voneinander trennbare Prozesse aufgefasst werden, sie sind auch nicht zeitlich getrennte Phasen innerhalb des Interpretationsvorgangs. Der Forscher kann zwischen ihnen hin und her wechseln [145, S. 77].

In der Studie galt es eine große Menge Textmaterial zu bewältigen. Zur Analyse solcher Datenvolumina eignet sich die Qualitative Inhaltsanalyse nach Mayring [96]. An einigen Stellen entschieden sich die Forscher, durch die Anwendung induktiv aus dem Material gewonnener Kategorien doch strukturierter vorzugehen als in der GTM eigentlich vorgesehen [95, S. 114]. Mayring merkt an, dass die Angemessenheit der Methode für das Material und die Fragestellung entscheidend sei und nicht die methodische Machbarkeit [96].

2.4.1 Codieren als Analyseverfahren

Codieren kann als erste Annäherung an das Textmaterial verstanden werden, bei der einzelnen Textstellen Schlüsselwörter zugeordnet werden [8]. Die Daten werden mithilfe der Codes »verschlüsselt« bzw. »übersetzt« [12]. Der Prozess des Codierens setzt sich zusammen aus dem ständigen Vergleich zwischen Phänomen, Fällen, Begriffen und der Formulierung von Fragen an den Text [40]. Dazu schreibt Böhm [12], die wichtigste intellektuelle Tätigkeit während des Analyseprozesses sei das Vergleichen [vgl. auch 11]. Ausgehend davon soll sich in einem Prozess der Abstraktion eine Theorie entwickeln lassen [40]. Das ständige Vergleichen, auch »constant comparison method« genannt, beinhaltet, dass neu gefundene Codes iterativ mit den bereits bestehenden verglichen werden und diese dann gegebenenfalls verändert werden. Während des Codierens überdenkt der Forscher seinen Hintergrund und seine Ideen, welche er in die Arbeit einbringt, und formuliert vorläufige Ideen über die Bedeutung des Materials und mögliche Verbindungen zwischen den gefundenen Codes [30]. Ebenfalls zu diesem Vorgang können das Schreiben von Memos, das genaue Lesen, das erneute Lesen von Texten sowie das Zeichnen von Diagrammen und Matrizen gezählt werden [11].

Es muss zwischen den Begriffen »Code« und »Kategorie« unterschieden werden. Ein Code ist direkt an eine Textstelle geknüpft, dadurch ist dieser sehr nah an den Daten. Eine Kategorie wiederum wird als Bestandteil der zu entwickelnden Theorie verstanden. Die Entwicklung von Code und Kategorie bezieht sich somit auf das Abstraktionsniveau [vgl. auch 105]. Ein weiteres Unterscheidungsmerkmal ist in der jeweiligen Reichweite zu sehen, da ein Code enger gefasst ist und eine Kategorie mehrere solcher Codes bündelt und unter sich vereint [8]. Beispielweise sind in der Kategorie »Ursachen des Phänomens aus Sicht der ärztlichen Mitarbeiter« folgende Codes gesammelt: »fehlende Krankheits- und Behandlungseinsicht«; »positives Erleben der Symptome«; »Misstrauen gegenüber dem Versorgungssystem« und »kein Überblick über die Folgen der Verweigerung«. Es wird deutlich, dass durch Kategorisieren zum einen eine Zusammenfassung bzw. Verdichtung des Materials stattfindet und zum anderen eine Beziehung zwischen den verschiedenen Begriffen geschaffen wird, welche hierarchisch strukturiert zwischen Ober- und Unterkategorien oder auch auf der gleichen Ebene entstehen können [40].

2.4.2 Verwendung des Computerprogrammes Atlas.ti

Unterstützend zur Textbearbeitung und Analyse wurde das Computerprogramm Atlas.ti [106] verwendet, welches den Computer Assisted Qualitative Data Analysis Software Programmen (CAQDAS) zugeordnet werden kann. Synonym kann auch der Ausdruck Qualitative Data Analysis Software (QDA) verwendet werden. Das Programm ist als Hilfestellung und Unterstützung im Umgang mit Datenmaterial zu verstehen, indem es Organisieren, Erinnern und systematisches Vorgehen erleichtert [83]. Ebenfalls eignet es sich für die Verwendung in Bezug auf den gewählten methodologischen Hintergrund [95, S. 138]. Es werden Bearbeitungen auf der textuellen und konzeptuellen Ebene geboten [40]. Die zu analysierenden Texte können geordnet und codiert werden. Zwischen den

Codes und Kategorien können Bezüge hergestellt und durch die Erstellung von Netzwerken ebenfalls sichtbar gemacht werden. Das Programm begleitet diesen Prozess und bietet Werkzeuge, um ihn zu erleichtern [124]. Der Analyseprozess kann in den einzelnen Schritten gespeichert werden, was ihn transparent gestaltet und auch für andere nachvollziehbar machen kann (vgl. 2.5 Gütekriterien). Auch Breuer schreibt dazu, dass die Verwendung von Software eine hervorragende Unterstützung bieten könne, in Datenverwaltung, Organisation von Codes und Kategorien, Einbindung von Memos und Diagrammen komfortable Suchfunktionen biete sowie der Herstellung von Ordnung und Übersichtlichkeit diene [15, S. 102]. Sie ersetzte aber nicht die gründliche und intellektuelle Durchdringung der Daten sowie den notwendigen »Forschergeist« [15, S. 101].

Im Anschluss werden die für die Arbeit verwendeten Werkzeuge des CADAQS Atlas.ti erläutert. Abbildung 1 zeigt die Funktionseinheit des Computerprogramms, in der die einzelnen Interviewtexte gespeichert und verwaltet werden konnten.

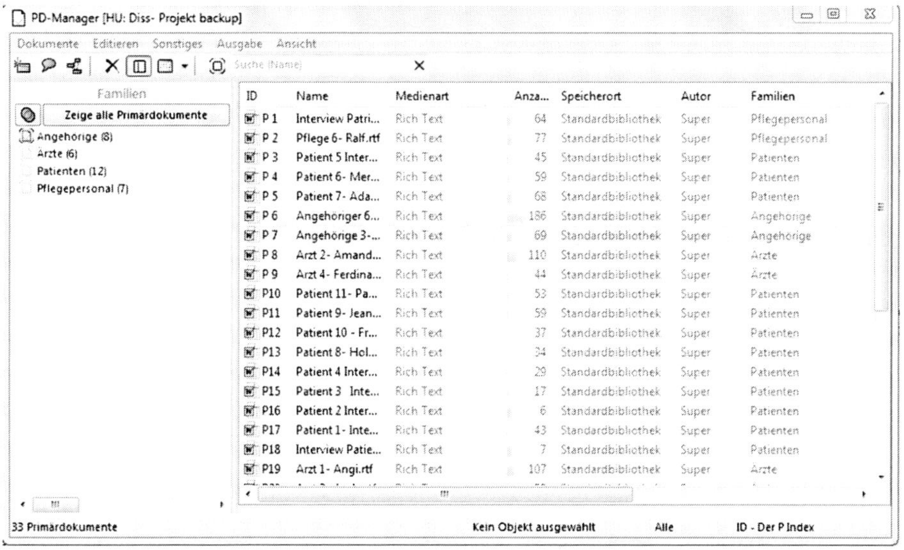

Abbildung 1: Ansicht des Datenfensters »PD-Manager« aus dem Computerprogramm Atlas.ti

Abbildung 1: Alle verwendeten Interviewtexte wurden innerhalb des Computerprogramms Atlas.ti als ein Projekt gespeichert, auch »hermeneutischen Einheit« (HU) genannt. Dafür wurden die transkribierten und mit einem Nicknamen zur Anonymisierung versehenen Worddokumente in ein Rich Text-Format umgewandelt und in die erstellte HU »Diss-Projekt« eingefügt. Sie wurden dort als Primärdokumente (PD) gespeichert und konnten mithilfe des PD-Managers verwaltet werden. In Anlehnung an die einzelnen Interviewgruppen wurden die Texte in vier PD-Gruppen, Familien genannt, unterteilt – Pflegepersonal, Angehörige, Patienten und Ärzte. Somit war eine schnelle und klare Zuordnung möglich. In dieser Organisationseinheit war ersichtlich, wie viele Codes je Primärdokument vergeben wurden.

Im weiteren Verlauf der Textbearbeitung stand die Markierung relevanter Textpassagen im Vordergrund. Diese Markierungen werden Zitate genannt und konnten mithilfe des Zitatmanagers verwaltet werden. Dieser ist in Abbildung 2 zu sehen.

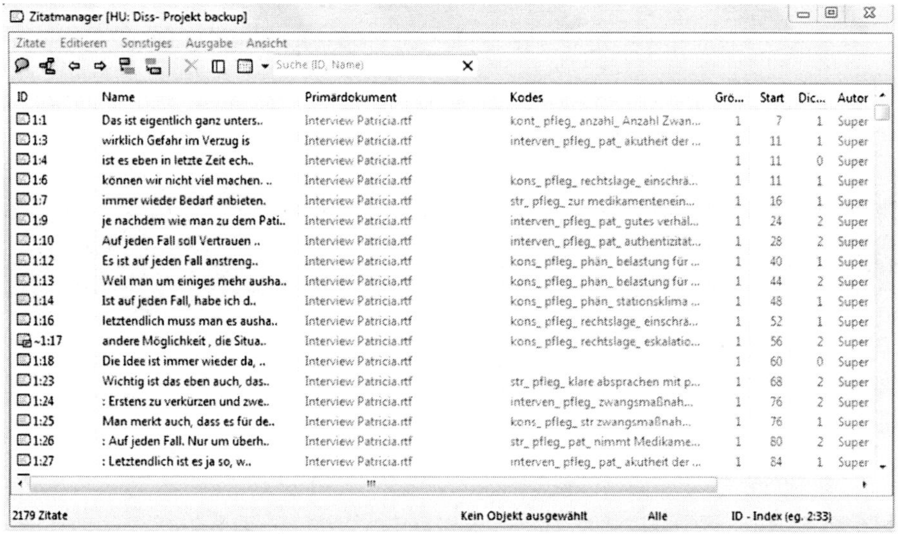

Abbildung 2: Ansicht des Datenfensters »Zitatmanager« aus dem Computerprogramm Atlas.ti

Abbildung 2: Der Zitatmanager zeigt an, in welchem Primärdokument das ausgewählte Zitat zu finden ist und welcher Code damit verknüpft ist. Die Dichte des Zitats gibt an, ob das Zitat gegebenenfalls mit mehreren Codes verknüpft ist. Ebenfalls wird der Autor des Zitats angezeigt. Nach der Markierung der relevanten Textstellen wurden die Codes zugordnet.

Um die erstellten Codes ordnen zu können, gibt es eine Organisationeinheit namens Codemanager, die in Abbildung 3 zu finden ist.
Abbildung 3: Mithilfe des Codemanagers konnten die vergebenen Codes verwaltet werden. Diese wurden hierarchisch geordnet durch die Verwendung von Präfixen. Im ersten Durchlauf wurde vermerkt, wer die Aussage machte, im weiteren Analyseprozess kam es zu einer Feinjustierung. Das erste Präfix steht für die Hauptkategorie, z. B. *interven* (Intervenierende Bedingungen), kons (Konsequenzen), kont (Kontext), str (Strategie), urs (Ursache), das zweite für die Gruppenzugehörigkeit des Interviewten, z. B. *ang* (Angehörige), *arzt* (Ärztliche Mitarbeiter), *pfleg* (Pflegepersonal), *pat* (Patient). Danach folgte eine weitere Beschreibung des Codes und worauf er sich bezieht. Falls innerhalb des Gesagten Bezüge zu anderen Teilnehmergruppen hergestellt wurden, wurde das entspre-

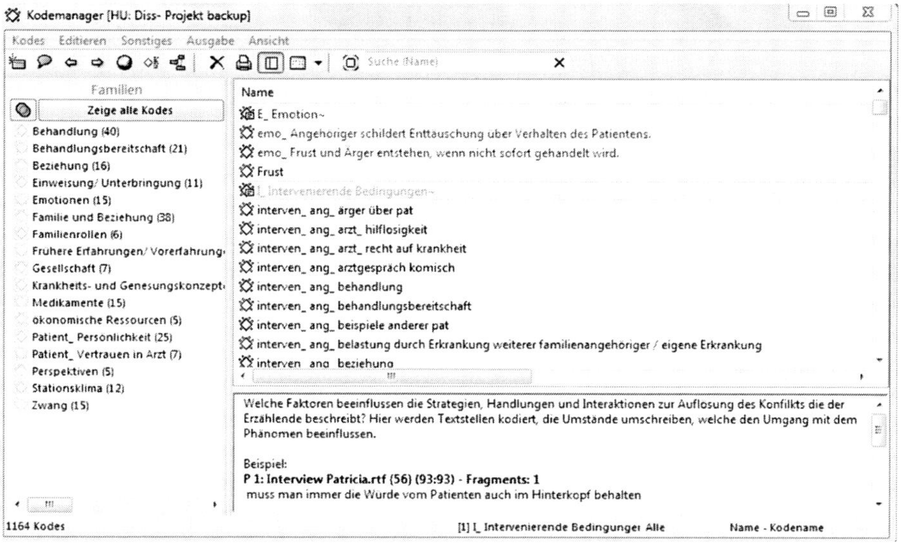

Abbildung 3: Ansicht des Datenfensters »Codemanager« aus dem Computerprogramm Atlas.ti

chende Präfix eingefügt. Die in jeweils einer Gruppe vergebenen Codes zu den Hauptkategorien waren so rasch ersichtlich, ebenso, wie oft der Code vergeben wurde. Zu jedem Code wurde ein Kommentar verfasst, um zu definieren, wann er angewendet werden soll. Ergänzend wurde dazu ein Ankerzitat genannt. Dadurch sollte eine erhöhte Abgrenzbarkeit erreicht werden und im Laufe des Prozesses sollten Codierregeln entstehen.

Ein weiteres hilfreiches Werkzeug war der Memomanager (siehe Abbildung 4).

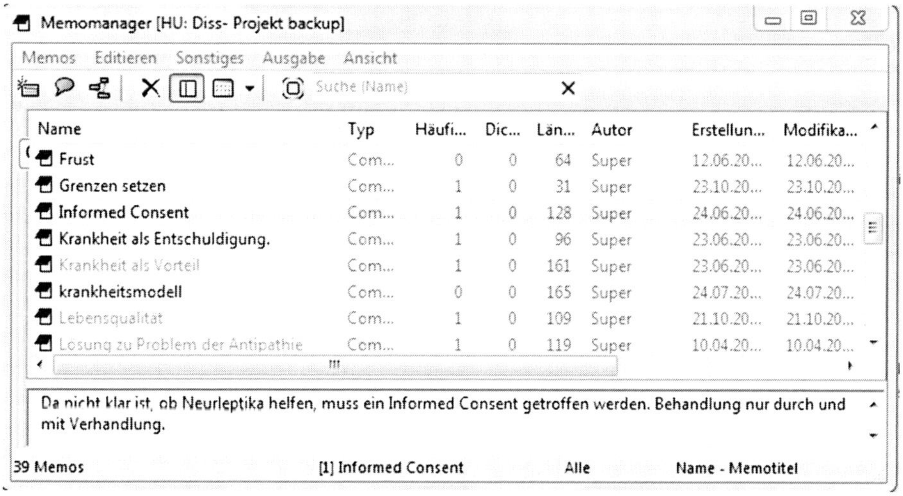

Abbildung 4: Datenfenster »Memomanager« aus dem Computerprogramm Atlas.ti

Abbildung 4: Memos bzw. Kommentare konnten auf allen Ebenen der Textanalyse verfasst werden: frei, zu Zitaten, Codes, Kategorien, Netzwerken, PDs etc. Dies gab zum einen die bereits erwähnte Möglichkeit, Regeln zu verfassen, zum anderen die Möglichkeit, Auffälligkeiten, Ideen, Beobachtungen festzuhalten und diese komfortabel aufrufen zu können.

Zur grafischen Darstellung der entstehenden Verbindungen zwischen den Codes lassen sich mit dem Programm Netzwerke zu erstellen. So können Codes intuitiv angeordnet werden, Kategorien gebildet und Beziehungen editiert werden. Dies ist eine Hilfestellung beim Vorgang der Konzeptualisierung, da ein besserer Überblick verschafft werden kann. Ein Beispiel für ein solches Netzwerk findet sich in Abbildung 5.

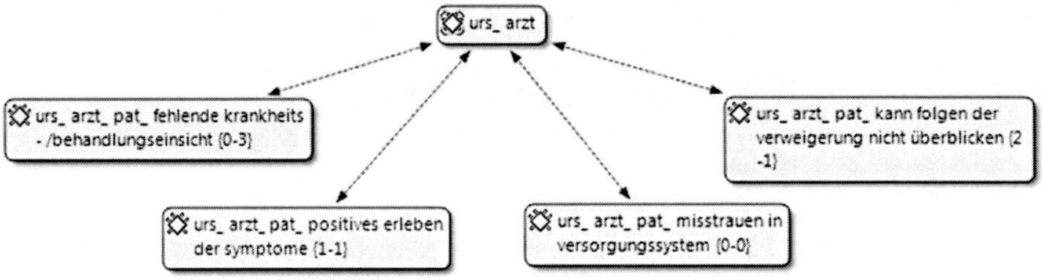

Abbildung 5: Beispiel für ein Netzwerk »Ursachen des Phänomens aus Sicht der ärztlichen Mitarbeiter«

2.4.3 Erste Analysephase: offenes Codieren

2.4.3.1 Memoschreiben und Forschungstagebuch

Zu Beginn der Textanalyse wurden die Interviews von den Forscherinnen gelesen. Dieser Vorgang wurde vom Schreiben von Memos (Notizen) begleitet, in denen Gedanken und Ideen festgehalten wurden, die bei der Arbeit mit den Texten entstanden waren. Es konnte zwischen theoretischen (das Vorwissen abklärenden), operativen (welche beschrieben, wie der Text bearbeitet werden soll) und ersten Code-Memos (welche einen zugeordneten Begriff erklären sollten) unterschieden werden [vgl. 8]. Das Memoschreiben und das Anfertigen von Diagrammen waren wichtige Bestandteile der Analyse, die den gesamten Forschungsprozess von Beginn an begleiteten [vgl. auch 146, S. 217]. Außerdem trug das Verfassen von Memos zur Distanzierung von den Daten bei und bot eine Hilfestellung dabei, über eine rein deskriptive Arbeit hinauszukommen [12].

Ergänzend dazu begannen die Forscherinnen, ein Forschungstagebuch zu verfassen. FLICK schreibt dazu, dass sich, gerade wenn mehrere Forscher beteiligt seien, die Notwendigkeit ergebe, den ablaufenden Forschungsprozess zu dokumentieren und zu reflektieren, um die Vergleichbarkeit der empirischen Vorgehensweisen und der Fokussierungen im Notierten zu erhöhen [40]. Im Forschungstagebuch wurden theoretische Vorüberlegungen, Zugang zum Feld, Erfahrungen mit Interviewpartnern und Anwendung der Methode notiert [vgl. 15, S. 129]. Im Laufe der Analyse wurde es zu einem Codiertagebuch [siehe auch 104].

2.4.3.2 Herantasten an das Material

Begonnen wurde die Analyse mit der Bearbeitung des Interviews »Pflege 1 – Patricia«. Anhand des Interviewleitfadens konnte eine erste Gliederung in Interessenfelder unterlegt werden. Beginnend wurden die für relevant befundenen Textstellen am Seitenrand zusammengefasst. Danach wurden erste, textnahe Codes verfasst. An einigen Stellen konnte noch kein Code zugeordnet werden.

Nach diesem ersten Schritt wurde im Teams das weitere Vorgehen besprochen. Um die Textstellen besser verstehen zu können, wurden »theoriegenerierende Fragen« an den Text gestellt, auch W-Fragen genannt [12, S. 478]:

- »Was? Worum geht es hier? Welches Phänomen wird angesprochen?«
- »Wer? Welche Personen, Akteure sind beteiligt? Welche Rollen spielen sie dabei und wie interagieren sie?«
- »Wie? Welche Aspekte des Phänomens wurden angesprochen (oder nicht angesprochen)?«
- »Wann? Wie lange? Wo? Wie viel? Wie stark?«
- »Warum? Welche Begründungen werden gegeben oder lassen sich erschließen?«
- »Wozu? In welcher Absicht, zu welchem Zweck?«
- »Womit? Welche Mittel, Taktiken und Strategien werden zum Erreichen des Zieles verwendet?«

Strauss und Corbin beschreiben diesen Vorgang so, dass an die Daten Fragen gestellt und Ähnlichkeiten und Unterschieden verglichen werden [145, S. 44]. Hierdurch soll versucht werden, die Phänomenbeschreibung aufzubrechen und sie durch passende Codes zu kennzeichnen [15, S. 80]. Weiter schreibt Breuer, dass der Vorgang besonders ergiebig sei, wenn dies mehrere Forscher gleichzeitig tun, was bei uns der Fall war. Berg und Millmeister bedienen sich zur Beschreibung des offenen Codierens einer entliehenen Metapher:

> »*Bogdan und Biklen (1992) vergleichen die Situation damit, dass in einer großen Turnhalle eine Riesenmenge Spielzeug ausgebreitet wird und dass die Aufgabe des Kategorisierens darin besteht, die Einzelstücke in Haufen zusammenzulegen, die untereinander in einem sinnvollen Zusammenhang stehen. Dabei ist das Schema, in dem die einzelnen Gegenstände geordnet werden, nicht von Anfang an bekannt.*« [8, S. 318]

2.4.3.3 Verwendung des Codierparadigmas

Die Beschreibung des Phänomens war bereits durch die im Interviewleitfaden vorgegebenen Themen festgelegt. In den Gesprächen sollte es um die »Behandlungsverweigerung« gehen – insbesondere um die Auswirkungen auf die Befragten und ihr Umfeld, die Bewertung der Situation und der ausgelösten Emotionen, das Verhalten der Beteiligten sowie um die Bewertung der Gesetzesänderung und der Autonomie der Handelnden. Dadurch wurde dem beschriebenen Handlungsablauf bereits eine Struktur vorgegeben.

Dieser Ablauf fand sich wieder in dem von Strauss und Corbin beschriebenen paradigmatischen Modell [145, S. 78]. Das Modell soll helfen, ein soziales Phänomen durch die Zuordnung der einzelnen Bausteine in (A) Ursächliche Bedingungen, (B) Phänomen, (C) Kontext, (D) Intervenierende Bedingungen, (E) Handlungs- und interaktionale Strategien sowie (F) Konsequenzen besser zu verstehen. Das beschriebene Modell ist in Abbildung 6 zu sehen.

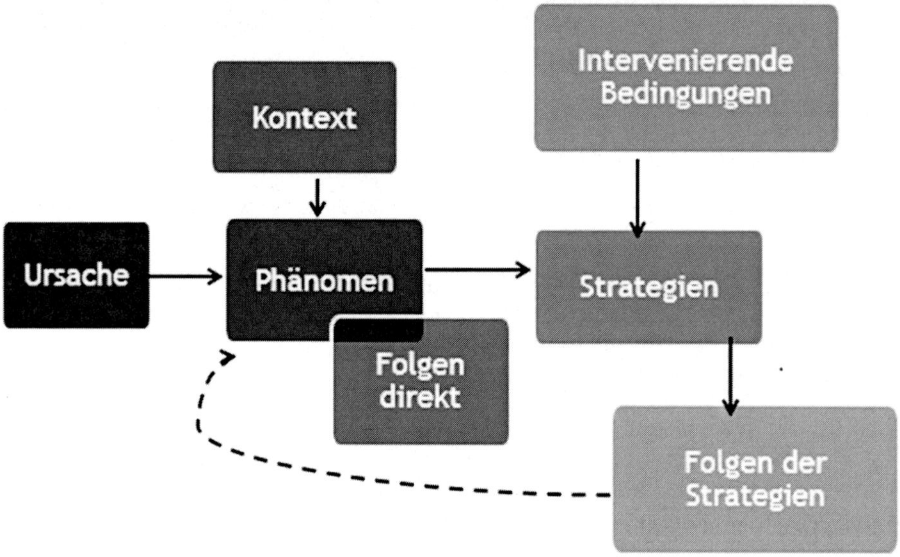

Abbildung 6: Codierparadigma nach Strauss und Corbin [145, S. 78]

Dieses Modell wurde von uns als Suchheuristik aufgefasst. Dieser Begriff bezeichnet ein von dem Forscher selbst entwickeltes, an die Fragestellung sowie den Forschungsgegenstand angepasstes Schema, welches helfen soll, die Daten in einem bestimmten Blickwinkel zu betrachten und aufzuschlüsseln.

Bringt man ein solches Modell zur Anwendung, können die erhobenen Daten besser strukturiert werden. Dadurch kann tiefer und gezielter in die Materie eingedrungen und somit die Generierung von Hypothesen erleichtert werden [157].

Es wurden acht Interviews ausgewählt, zwei pro Gruppe, welche in diesem ersten Analyseschritt gemeinsam ausgewertet werden sollten: Pflege-1 Patricia, Pflege-6 Ralf; Angehörige-3 Bernadette, Angehöriger-6 Peter; Ärztlicher Mitarbeiter-2 Amanda, Ärztlicher Mitarbeiter-4 Ferdinand sowie Patient-6 Merlin und Patient-7 Adam. Die Interviews stellten 25 % des erhobenen Materials dar.

Die vergebenen Codes wurden textnah formuliert als In-vivo-Codes, welche umgangssprachliche Deutungen des Phänomens direkt aus der Sprache der Interviewten übernahmen [vgl. auch 12, 30]. Den Aussagen waren Präfixe vorangestellt, mit denen sie den Bausteinen des Paradigmas zugeordnet wurden: interven_, kons_, kont_, str_ und urs_. Erst im weiteren Verlauf bildeten sich abstraktere Codes. Das offene Codieren wird als »Herz der Methode« angesehen. Sein Ziel soll sein, so viele Codes wie nötig zu generieren, um eine Bedeutungseinheit im Text ausreichend beschreiben zu können [30].

Bis zum Ende des ersten Analysedurchlaufes entstanden 300 Codes. Ebenso wurden Codierregeln (siehe Anhang B) verfasst, die beschreiben, wie codiert werden soll, und es wurden Definitionen für die einzelnen Kategorien des Paradigmas (siehe Anhang C) mit Ankerbeispielen aus dem Text formuliert.

2.4.4 Zweite Analysephase: axiales Codieren

Strauss und Corbin beschreiben das axiale Codieren als einen Vorgang, bei dem die Daten, die durch das offene Codieren aufgebrochen wurden, wieder neu zusammengefügt werden sollen [145, S. 76]. Dies soll durch eine Untersuchung der Beziehungen zwischen den Kategorien und Subkategorien erreicht werden [12, 102].

Am Beispiel der Kategorie »Konsequenzen aus Patientensicht« soll die Umsetzung dieses Prozesses erläutert werden. Die mit dem Präfix kons_ versehenen Textbeispiele, in denen die Teilnehmer Konsequenzen beschrieben, wurden durchgesehen, nachdem etwa die Hälfte der Interviews offen codiert worden war. Es wurde bestimmt, woraus sich die beschriebene Konsequenz ergeben hatte: aus einer Handlungsstrategie, aus dem Phänomen oder aus einer kontextbildenden Variable.

Zum Beispiel:

»Also meine Mutter hat mich immer wieder darauf hingewiesen, nimm die Medikamente, nimm die Medikamente, ich habe sie oftmals nicht genommen, es gab auch Streit in der Familie deswegen und ähm, weil ich immer wieder Rückfälle bekommen habe und immer wieder gesagt habe, ich brauche die Medikamente nicht, ich fühle mich so ganz gut und ich bin ganz fit eigentlich. Ja, es gab da schon ziemlich Zwist in der Familie.« Jean Jaques (11:23)

Zuerst stellte sich die Frage, woraus die Konsequenzen resultierten, etwa aus dem Phänomen selbst (Absetzen der Medikamente). Als nächster Schritt folgte eine Einteilung, wen die Auswirkung betraf, den Patienten selbst, Angehörige oder behandelnde Ärzte. Beim genannten Beispiel war das Umfeld betroffen. Wie war es betroffen? Es gab Konflikte.

Dieses erneute Befragen und Vergleichen der gewonnen Daten half, die gefundenen Kategorien zu verfeinern und zu differenzieren [40]. Die eigentliche Kategoriebildung fand somit darin statt, dass die Codes innerhalb der Paradigmabausteine geordnet und passende Überbegriffe gefunden wurden. Dies entsprach der Kategoriebildung in der GTM. Sie blieben bis zum Abschluss offen und ordneten sich dem Prinzip des ständigen Vergleichs unter [105]. Der Fokus richtete sich während der Entwicklung auf die Art der Kategorie, die eher unscharf war und sich polyphon ausbreiten konnte [105].

Dieser Arbeitsschritt ermöglichte zudem, dass die Forscherinnen auf Distanz zu den Daten gehen und dem eigenen »Sprechen« mehr Raum geben konnten, zum Beispiel durch die Vergabe von abstrakteren Codes, um einen versuchsweisen Erzählrahmen anlegen zu können. Dieser sollte helfen, eine brauchbare und sinnhafte Geschichte zu erzählen [8].

Beim Codieren des restlichen Materials fand fortdauernd eine Überarbeitung der vergebenen Codes statt. Falls also eine Textstelle gefunden wurde, auf die ein bereits erstellter Code angewendet werden konnte, wurde dieser überprüft in Bezug auf Formulierung und Reichweite (siehe auch »constant comparison method«). Während dieser ständigen Überprüfung konnten zum einen abstraktere Codes gefunden, zum anderen konnte auch die Passung der Codes verbessert werden. So wurde zum Beispiel aus dem Code »Patient sieht sich als nicht krank an« zu »urs_ pat_ kein Krankheitsgefühl_ Sicht der Krankheit als nicht krank« zu »urs_ pat_ fehlende krankheitseinsicht«.

Das Datenmaterial wurde in diesem Teil der Textanalyse gruppenbezogen ausgewertet. Erst nachdem die Interviews der einen Gruppe gelesen und codiert waren, wurde mit der nächsten Gruppe begonnen. Hier fand eine Anlehnung an das thematische Codieren nach Flick statt. So konnte für die jeweiligen Gruppen eine thematische Struktur entwickelt werden, um dadurch im weiteren Verlauf der Analyse einen Fall- und Gruppenvergleich zu ermöglichen [40]. Die restlichen 24 Interviews wurden erneut gemeinsam von den Forscherinnen codiert. Falls andere Codes vergeben wurden, wurden diese diskutiert, um eine adäquate Lösung zu finden. Dies war im Verlauf immer seltener der Fall, die Codes wurden trennschärfer und deutlicher zuordenbar. Nach dem Codieren des gesamten Datenmaterials fanden sich die Forscherinnen mit über 1000 Codes konfrontiert.

2.4.5 Dritte Analysephase: Selektives Codieren und Gruppenvergleiche

In dieser Phase galt es, in der Fülle der gefunden Daten einen roten Faden (storyline) zu finden und zu konzeptualisieren [145, S. 94]. Eine Ausarbeitung und Validierung des axialen Codierens musste erfolgen [102]. Der nächste Schritt, das selektive Codieren, umfasst das Auswählen einer Kernkategorie, das systematische In-Bezug-Setzen der anderen Kategorien mit dieser und das Auffüllen sowie Verfeinern von Kategorien, welche noch ausdefiniert werden müssen [145]. Dieser Prozess der Integration unterscheidet sich nicht vom axialen Codieren, es ist vielmehr eine Fortsetzung des Prozesses auf einem höheren Abstraktionsniveau [15, S. 92; 40; 145, S. 95]. Angesichts der großen Datenmenge hatten die Forscherinnen an dieser Stelle Schwierigkeiten, die zentralen Aussagen der Untersuchung auf einen Punkt zu bringen, da alles wichtig schien [vgl. auch 12].

Es musste erneut eine Befragung des Datenmaterials erfolgen. Um zu verdeutlichen, wie dies umgesetzt wurde, gehen wir zurück zu unserem bereits erwähnten Beispiel. Bei der Kategorie »Konsequenzen aus Patientensicht« wurde im vorigen Schritt eine Unterteilung in (unter anderem) »Konsequenzen aus Phänomen« vorgenommen. Nun wurde weiter unterteilt in »Negative Auswirkungen auf das Umfeld« (bedingt durch die Medikamentenverweigerung), »Negative Auswirkungen auf den Patienten« und »Positive Auswirkungen auf den Patienten«. Laut Strübing ist die analytische Frage des Arbeitsschritts des selektiven Codierens, ob die Kategorie X (hier »Konsequenz«) in einem Verhältnis mit der angenommenen Schlüsselkategorie A (hier »Phänomen Behandlungsverweigerung«) stehe, und falls ja, in was für einem (hier negativ/positiv auf Umfeld/Patient) [148, S. 21].

Das vorhandene Codesystem wurde erneut überarbeitet und es wurde versucht, es weiter hierarchisch zu ordnen. Die einzelnen Kategorien wurden beleuchtet, Codes wurden verstärkt zusammengefasst. Pro Gruppe und pro Paradigmabaustein wurden zwischen 5 und 15 Unterkategorien geschaffen. Die Datenmenge konnte so leichter überblickt werden. Die hiermit erreichte Verdichtung machte es möglich, die jeweiligen Eigenschaften und Dimensionen der Kategorien auf Regelmäßigkeiten und Muster zu vergleichen [12]. Ziel war ja, mithilfe des Paradigmas den Umgang der verschiedenen Gruppen mit dem Phänomen der »Behandlungsverweigerung« zu illustrieren. Am Ende des Analyseprozesses wurden die wichtigsten Aussagen der Teilnehmer nach Gruppen zusammengefasst. Somit konnte dann die Divergenz der Perspektiven der jeweiligen Gruppen herausgearbeitet und verglichen werden. In Abbildung 7 ist ein schematischer, schrittweiser Verlauf der Datenanalyse dargestellt.

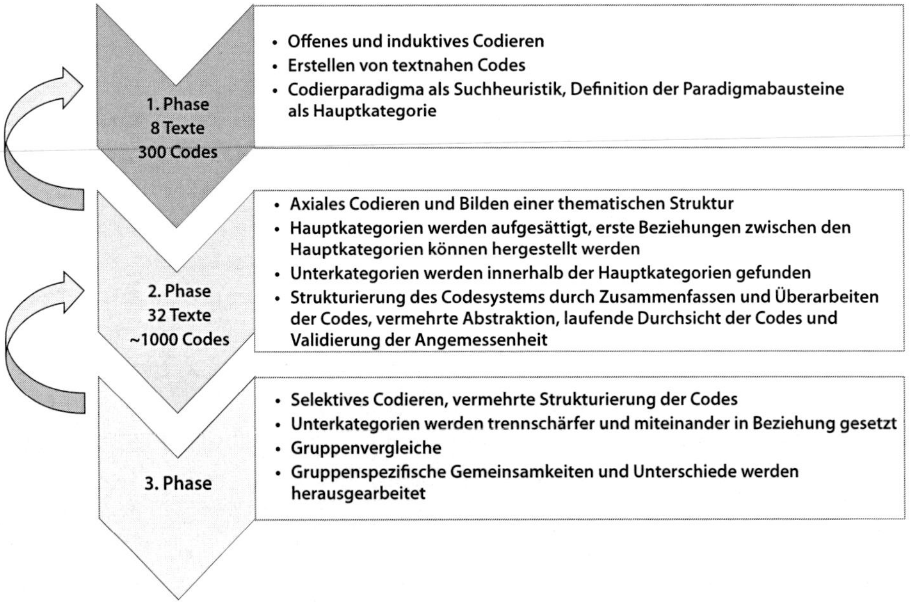

Abbildung 7: Schematischer Ablauf der Datenanalyse

2.5 Gütekriterien

Gütekriterien in der quantitativen und qualitativen Forschung sind notwendig, um die Qualität des Weges zur wissenschaftlichen Erkenntnisgewinnung feststellen zu können. Es sind generelle Kriterien nötig, welche die verschiedenen Aspekte aller Methoden vor einem wissenschaftlichen Hintergrund erfassen und untereinander vergleichbar machen können [84, S. 127]. In der quantitativen Forschung werden hierzu Reliabilität, Objektivität und Validität angeführt [32; 84, S. 130; 89; 143].

Ob und wie diese Kriterien auf die qualitative Forschung übertragen werden können, ist seit Langem in der Diskussion. Einig ist man sich darin, dass diese modifiziert anwendbar sein könnten [84, S. 131; 89; 94; 95, S. 140; 143]. In der qualitativen Forschung werden die Gütekriterien der quantitativen Forschung akzeptiert, doch wandelt sich ihr Charakter von einem messtechnischen zu einem interpretativ-kommunikativen [84, S. 148].

Es gibt zahlreiche Ansätze, die Qualität und Validität von qualitativer Forschung zu bestimmen und zu sichern. Die vorliegende Arbeit orientiert sich an den von STEINKE formulierten Gütekriterien: intersubjektive Nachvollziehbarkeit, Indikation des Forschungsprozesses, empirische Verankerung, Limitation, Kohärenz, Relevanz und reflektierte Subjektivität [143].

Intersubjektive Nachvollziehbarkeit

Die intersubjektive Nachvollziehbarkeit hat zum Ziel, den Forschungsprozess für Außenstehende greifbar zu machen und dadurch eine Bewertung der gewonnenen Erkenntnisse zu ermöglichen [95, S. 144, 141]. Gleichbedeutend ist die »credibilty« [32, 80, 82]. Dies wurde zu gewährleisten versucht zum einen durch die Dokumentation des Forschungsprozesses mithilfe eines Forschungstagebuchs, mit der Verwendung des Computerprogramms Atlas.ti, mit dem Verfassen von Memos und mit der Dokumentation der Diskussion der Forschungsgruppe in E-Mails.

Zum anderen fand die Interpretation und Auswertung der erfassten Daten innerhalb einer Forschergruppe statt. Über jeden Vorgang und erhaltene Daten wurde Rücksprache mit der Forschungskollegin gehalten. Somit wurde zu jedem Zeitpunkt des Prozesses diskutiert, ob die Vorgehensweise adäquat sei oder weiter verändert werden müsste. Die insgesamt 32 Interviews wurden gemeinsam von den Forscherinnen codiert und die Codierungen untereinander abgeglichen. Dies geschah in Form von Treffen, fast täglichem E-Mailaustausch und Telefonaten bezüglich der vergebenen Codes. Falls andere Codes vergeben wurden, wurden diese diskutiert, um eine adäquate Lösung zu finden. Somit konnte eine hohe Übereinstimmung erreicht werden.

Ebenfalls kamen codifizierte Verfahren im Bereich der Datenerhebung in Form des narrativen und des problemzentrierten Interviews sowie in der Datenauswertung in Form der Grounded Theory Methodology zur Anwendung. Dies soll Außenstehenden die Überprüfung der Qualität der vorliegenden Arbeit erleichtern [143].

Indikation des Forschungsprozesses

Die Fragestellung war offen und richtete sich darauf, wie die unterschiedlichen Betroffenengruppen ein soziales Phänomen konstruieren. Die vorliegende Untersuchung hatte somit zum Ziel, die verschiedenen Perspektiven der davon betroffenen Personengruppen zu beschreiben, diese zu analysieren, und das entstehende Konfliktpotenzial zu verstehen, um mögliche Lösungswege zu finden. Hier bot sich ein qualitatives Vorgehen an, da es darum ging, die subjektiven Theorien zu verstehen und nachvollziehbar zu machen. Dafür war die GTM, bei der die Theorie aus den Daten selbst gebildet wird [12], im Unterschied zum theoriegeleiteten Vorgehen einer QIA [96] am ehesten angemessen. Auf Angemessenheit der Methodenwahl sowie der Samplingstrategie wurde bereits in den Kapiteln 2.4 Auswertungsmethode und 2.2.1 Stichprobenauswahl eingegangen.

Empirische Verankerung

Die empirische Verankerung beschreibt, dass in der qualitativen Forschung Hypothesen anhand von Daten begründet sein müssen [143]. Dies wird auch als

»grounding in examples« bezeichnet [32]. Um dies zu gewährleisten, kam das codifizierte Verfahren der Grounded Theory Methodology zur Anwendung. Ebenfalls sind die beschriebenen Ergebnisse in dieser Arbeit anhand von Beispielen aus den Texten in Form von Zitaten belegt.

Limitation

Eine Fallkontrastierung ist in der Zusammenfassung am Ende des Ergebnisteils zu finden, in der die wichtigsten Sichtweisen der Gruppen einander gegenübergestellt werden sowie die Abgrenzung abweichender Fälle. Die Grenzen der Gültigkeit und Allgemeingültigkeit der gefundenen Theorien werden im Diskussionsteil näher erläutert.

Kohärenz

Die generierte Theorie soll in sich konsistent sein. Zur Überprüfung dessen, muss sie zum einen kohärent sein, zum anderen sollen Widersprüche in den Daten und der Interpretation sowie ungelöste Fragen dargelegt werden [143]. Darauf wird in der Diskussion eingegangen.

Relevanz

Das Thema der Medikamentenverweigerung ist in Zeiten veränderter rechtlicher Handhabe immer noch als aktuell zu sehen. Auf den von der Untersuchung zu erlangenden Beitrag wird in der Diskussion eingegangen.

Reflektierte Subjektivität

Wahrnehmung, Auswahl der Methoden sowie Teilnehmer und die dadurch gewonnenen Daten wurden von der Forscherin beeinflusst [vgl. mit 32, 143]. Das Verfassen des Forschungstagebuchs diente dazu, diese Einflüsse ersichtlich zu machen. Dort konnten Eindrücke und Gedanken während des Feldeinstiegs notiert werden und eine Selbstbeobachtung konnte gewährleistet werden.

3 Ergebnisse

Insgesamt wurden 32 Interviews ausgewertet. Zunächst werden die Ergebnisse der Befragungen der einzelnen Gruppen dargestellt, danach werden Gemeinsamkeiten und Unterschiede in den Sichtweisen herausgearbeitet. Die Ergebnisdarstellung orientiert sich an den fünf Hauptkategorien (Ursache, Kontext, Strategien, intervenierende Bedingungen, Konsequenzen) sowie deren Unterkategorien. Zur Illustration und Nachvollziehbarkeit (vgl. Gütekriterien) dienen ausgewählte Zitate aus den Interviews. In den Tabellen im Anhang (D–G) findet sich eine Übersicht derjenigen Codes mit den zugehörigen Zitaten, die besonders häufig genannt wurden. Des Weiteren werden dort Codes aufgeführt, die als Gegenposition zu verstehen sind. Aus Gründen der Übersichtlichkeit werden nicht alle zugehörigen Zitate zu den Codes genannt. Damit die Zitate den Interviews zugeordnet werden können, werden der anonymisierte Name des Interviewpartners sowie die Interviewnummer und Textstelle in Klammern genannt, z. B. Jean Jaques (11:23).

3.1 Gruppe Patienten

Aus der Gruppe der Patienten konnten insgesamt elf Teilnehmer für die Studie gewonnen werden. Alle hatten während eines unfreiwilligen stationären Aufenthalts keine Medikamente mehr eingenommen und sahen sich mit einer Zwangsmedikation und/oder Zwangsmaßnahme konfrontiert. Die Gruppe der interviewten Patienten war sehr heterogen.

3.1.1 Beschreibung des Phänomens

Das Phänomen der Medikamentenverweigerung wurde von den Patienten in drei Formen beschrieben:

- Der Patient verweigert die ihm angebotenen Medikamente.
- Der Patient setzt die Medikamente selbstständig ab.
- Der Patient sieht keine Notwendigkeit zur Behandlung und lehnt Psychopharmaka grundsätzlich ab.

3.1.2 Ursachen des Phänomens aus Patientensicht

Die Aussagen der Patienten dazu, warum sie aufgehört hatten, ihre Medikation einzunehmen oder eine Einnahme ablehnten, konnten in vier Unterkategorien eingeteilt werden:
- Wunsch nach Selbstbestimmung
- fehlende Krankheitseinsicht
- Einstellung zu Medikamenten
- Nebenwirkungen durch Medikamente

3.1.2.1 Selbstbestimmung

Die Patienten sahen in der Entscheidung, keine Medikamente mehr zu nehmen, die Möglichkeit, ein selbstbestimmteres Leben zu führen. Der Wunsch nach selbstbestimmtem Handeln war für den Großteil der Befragten eine Motivation, die Behandlung zu verweigern.

»Nein, ich will mein Leben allein in die Hand nehmen und fertig.« Franz (12:33)

Medikamente wurden als Hindernis empfunden, beispielsweise um arbeiten zu gehen. Die Verordnung von Medikamenten wurde von einigen Patienten als Bevormundung erlebt. Ein Leben ohne Medikamente gelte als »normal« und sei erstrebenswert. Durch die Verweigerung werde man vom Umfeld als freies Individuum wahrgenommen. Jegliche Handlungsoption, als freies Individuum agieren zu können, scheint durch die Medikation genommen worden zu sein.

»Weil ich sie jetzt nicht mehr brauche und so weiter und so fort, mir geht es gut, ich will ein Leben führen wie jeder andere auch, ich will wieder zurück ins normale Leben finden und so weiter.« Jean Jaques (11:26)

3.1.2.2 Fehlende Krankheitseinsicht

Dieser Unterkategorie wurden Aussagen zugeordnet, in denen Patienten ihre Krankheit nicht als solche erlebten.

»Jetzt ist das Leiden vorbei, ich bin gesund.« Claudia (14:24)

Dabei kann einerseits das Umfeld den Patienten als krankheitsuneinsichtig beschreiben, andererseits sahen sich einige Patienten retrospektiv selbst als krankheitsuneinsichtig an.

»Jetzt habe ich vierzig Jahre lang Geduld mit der [Schimpfwort] Krankheit, die eigentlich gar keine ist, was alles nur Missverständnisse sind. Dann sagen die immer, das ist eine Krankheitsuneinsichtigkeit. Ich weiß nicht, wie ich's ihnen erklären soll noch, die Akte ist einfach schon viel zu dick.« Franz (12:30)

Manche sahen sich durchaus als krank an, sahen jedoch keine Notwendigkeit, Medikamente einzunehmen. Sie waren behandlungsuneinsichtig.

»Also, ich hatte Phasen in denen ich es nicht so regelmäßig eingenommen habe, da habe ich immer wieder darauf verzichtet oder ich habe gedacht, mir geht es so gut, dass ich keine Medikamente mehr brauche.« Paul (11:1)

Einige Krankheitssymptome wurden von den Patienten als angenehm erlebt, wie z. B. ein gesteigerter Antrieb im Verlauf einer manischen Phase.

»Man kommt dann irgendwie rein in die Psychiatrie, ist euphorisch sozusagen. Man ist euphorisch, einem geht es gut (...) dann kommt man eben mit einem Höhenflug in die Psychiatrie und es heißt halt Medikamente und etc. Und dann verweigert man das Ganze halt.« Adam (5:26)

Wenn die Betroffenen ihren Zustand nicht als Krankheit wahrnahmen, dann sahen sie weder die Einnahme von Medikamenten noch einen Klinikaufenthalt als eine Option für sich an.

3.1.2.3 Einstellung zu Medikamenten

Eine weitere Unterkategorie von Gründen beinhaltet die Einstellung von Patienten gegenüber Medikamenten, die als ambivalent beschrieben werden kann. Ein Patient berichtete, dass die Einnahme von Psychopharmaka zu einer Stigmatisierung durch die Gesellschaft führe und nicht akzeptiert sei.

»Weil auch das gesellschaftliche Bild von Psychopharmaka ziemlich schlecht ist. Wenn ich darüber spreche, sagt jeder, ah Psychopharmaka.« Jean Jaques (11:45)

Medikamente veränderten den Patienten in einem negativen Sinne und wurden daher als schädlich angesehen.

»Wir empfinden die Medikamente als schädlich oder man will sich in seinem Zustand nicht behindern lassen, dann verweigert man halt.« Paul (10:41)

Auch wurde dem Medikament nicht »getraut«. Es wurden Zweifel an der Wirksamkeit und Angemessenheit geäußert, ebenso wie mangelndes Vertrauen in die Pharmaindustrie.

»Am Anfang war es so, dass ich mich dem ziemlich verweigert habe und habe gesagt, niemals können die (Anm. Medikamente) mir helfen.« Jean Jaques (11:39)

Einige Teilnehmer beschrieben die Medikamente als einen Teil der Rahmenbedingungen, jedoch nicht als Grund für die Verweigerung. Manche Ärzte würden sie verschreiben und zur Einnahme raten, andere wiederum zum Verringern der Dosis.

»Übrig bleibt mir nichts anderes, nur will ich das (Anm. Einnehmen von Medikamenten) nicht mein ganzes Leben lang tun. Da gibt es eben unterschiedliche Meinungen von den Ärzten und so lange es nicht hundertprozentig heißt, ja, sie müssen das zu 100 % nehmen (...).« Elvis (17:42)

Auch stelle die regelmäßige Einnahme keinen adäquaten Schutz aus der Sicht einiger Patienten dar. Sie hätten trotzdem einen Krankheitsrückfall erlitten.

»Das (Anm. Krankheitsrückfall) kann auch passieren, wie soll ich sagen, wenn man die Medizin nimmt. Man nimmt die Medizin und dann ist das von Person zu Person praktisch verschieden.« Adam (5:4)

So können Medikamente als beliebig angesehen werden, es sei fast egal, ob man sie nehme oder nicht.

3.1.2.4 Nebenwirkungen

Es wurden verschiedene Nebenwirkungen beschrieben, wodurch sich die Patienten in ihrem Entschluss bestärkt sahen, die Medikation abzusetzen. Unter medikamentöser Therapie sei eine Abnahme der körperlichen und kognitiven Leistung zu spüren, die das Erfüllen von Alltagsaufgaben beeinträchtige.

»Na ja, was ich schon seit vielen Jahren habe, dass mein Gedächtnis stetig schlechter wird.« Paul (10:28)

Die Wahrnehmung der eigenen Emotionen werde gebremst.

»Ich will eben auch einfach mal wieder ohne diese Handbremse leben. Die Medikamente machen einem das Leben schon schwer.« Franz (12:13)

Als körperliche Symptome der Nebenwirkungen wurden unter anderem Krämpfe und Gewichtsveränderungen genannt.

»(...) ich wurde dick und dünn und dick und dünn (...)« Claudia (14:2)

3.1.3 Kontext des Phänomens aus Patientensicht

Die Kategorie »Kontext« umfasst Aussagen, die das Umfeld genauer beschreiben, in dem sich das Phänomen entfaltet, sowie Faktoren, die es begünstigen. Auffallend war, dass Patienten und Angehörige über den Kontext häufiger sprachen als die Teilnehmer der übrigen Gruppen. Dies mag daran liegen, dass sie sich viel unmittelbarer »im Phänomen« befanden und keine distanzierte Außenperspektive einnehmen konnten. Für die befragten ärztlichen Mitarbeiter und Gesundheits- und Krankenpfleger schien eine klarere Einteilung in Ursache und Wirkung möglich.

Die Lebenssituation der Patienten war als Kontextfaktor von besonderer Wichtigkeit für die Teilnehmer. Einige Patienten berichteten, dass ihr Umfeld sie aufgrund der Erkrankung ablehne. Sie fühlten sich stigmatisiert und nicht akzeptiert. Sie empfanden sich nicht als Teil der Gesellschaft, sondern sahen sich im Abseits. Die Angst vor einer möglichen Stigmatisierung führte unter anderem dazu, dass mit Bezugspersonen nicht über die Erkrankung gesprochen wurde.

»Also, das ist natürlich, ich meine, allein schon mit einer Diagnose, zum Beispiel paranoide Schizophrenie oder so was in die Richtung, das ist schon allein ziemlich entstellend in der Gesellschaft. Von einem wird dann ausgegangen, man

ist wie der Werwolf, der sich nachts verwandelt. Das ist irgendwie paranoid schizophren.« Jean Jaques (11:6)

Eine Patientin hingegen berichtete, dass es in ihrem Umfeld nichts Ungewöhnliches sei, sich in psychiatrische Behandlung zu begeben.

»Wenn ich hier reingehe, dass jeder, der [Studienfach der Patientin] studiert, irgendwann einmal hier war, weil es ihm schlecht ging, und dass es keine Schande ist, wenn man einmal ein halbes Jahr weg vom Fenster ist.« Emily (16:3)

Es wurden Umstände beschrieben, welche die Lebenssituation erschwerten wie z. B. eine anstrengende Arbeit.

»Weil der Beruf halt sehr anstrengend ist und man muss halt immer fit sein.« Holger (13:2)

3.1.4 Konsequenzen aus dem Phänomen

Es werden in dieser Arbeit zwei Arten von Konsequenzen beschrieben. Einerseits Konsequenzen, die direkt aus dem Phänomen resultierten, und andererseits Konsequenzen, die aus einer gewählten Handlungsstrategie resultierten. Diese sind in 3.1.7 »Konsequenzen aus Strategien« zu finden.

Die Patienten beschrieben folgende Konsequenzen, die direkt aus dem Phänomen resultierten:

- Negative Auswirkungen auf den Patienten:
  - Krankheitsrückfall
  - Aggression und Anspannung
  - Kontrollverlust
  - Sicherungsmaßnahmen/Zwangseinweisung
  - Hilflosigkeit
- Positive Auswirkungen auf den Patienten:
  - Verbessertes Wohlbefinden
  - Keine Nebenwirkungen mehr
- Negative Auswirkungen auf das Umfeld:
  - Angst
  - Konflikte
  - Unverständnis

3.1.4.1 Negative Auswirkungen auf die Patienten

Die Mehrheit der Patienten berichtete über negative Auswirkungen des Phänomens auf sich selbst. Als unmittelbare Konsequenz wurde genannt, dass es nach dem Absetzen der Medikamente zu einem Krankheitsrückfall kam. Diesen

Kausalzusammenhang zu erkennen, erfordert ein gewisses Maß an Reflexionsvermögen des eigenen Handelns.

»(...) ich bin auch oft mal in eine Psychose wieder abgeschlittert aufgrund von dem Thema, dass ich die Medikamente dann abgesetzt habe oder nicht mehr genommen habe.« Adam (5:3)

Einige Teilnehmer beschrieben, dass sie sich bedrohlich verhalten hätten. Es wurden gewalttätige Aktionen geschildert, wie z. B. das Zerstören einer Fensterscheibe. Solches Verhalten löse beim Gegenüber Angst aus und man werde vom Umfeld als gewalttätig wahrgenommen. Weiter wurde ein Kontrollverlust des eigenen Verhaltens beschrieben, was beispielsweise in einem vermehrten Rededrang münde.

»Habe schon ziemlich viel geredet, ich bin sonst eine ziemlich ruhige Person, aber ich wollte einfach über die Erlebnisse damals sprechen.« Gertrude (3:33)

Als mittelbare Folge wurde die Anwendung von Zwangsmaßnahmen beschrieben, wie eine Fixierung nach aggressivem Verhalten oder die Zwangseinweisung des Patienten.

»(...) ich war da eben auch psychotisch und erregt und unberechenbar und die hat mir dann die Station gezeigt und dann habe ich zu ihr gesagt, ich könnte meinen Trieb nicht kontrollieren, und da hat sie enorme Angst gekriegt und das hat dann auch zu einer Fixierung geführt.« Paul (10:18)

Ebenfalls wurde ein verlängerter Aufenthalt in der Psychiatrie als Folge beschrieben.

Bei einem Betroffenen stellte sich ein Gefühl der Hilflosigkeit ein. Da er die Medikamente nicht mehr nehme, wisse er keinen Ausweg mehr, wie er sein Umfeld davon überzeugen könne, dass er gesund sei.

»Und jetzt, ich weiß gar nicht, wie ich den Mann (Anm. Richter) überzeugen soll, dass mir nichts fehlt.« Franz (12:27)

3.1.4.2 Positive Auswirkungen auf die Patienten

Einige Patienten berichteten, dass sie durch das Absetzen der Medikamente und das Ausbleiben der durch sie verursachten Nebenwirkungen ein gesteigertes Wohlbefinden erlebten. Man fühle sich ohne Medikamente besser, lebendiger und kraftvoller. Dies würde sonst fehlen, um ausreichend am Leben teilzunehmen. Es trete ein Hochgefühl ein.

»Gut, mir geht's halt besser ohne, das ist eben so (...) Weil's einfach besser ist. Weil's mir besser geht, es geht mir wirklich besser.« Gertrude (3:6)

»Und ich möchte nicht mehr, ich kann nicht mehr, ich habe keine Kraft mehr, und ich möchte weg von dem, dass ich meine Kraft wieder bekomme ich will wieder arbeiten, ich würde sogar auf meine Rente verzichten (...)« Franz (12:1)

Eine Patientin empfand sich durch die Medikamenteneinnahme als depressiv. Unmittelbar nach dem Absetzen habe sie sich lebendig gefühlt.

3.1.4.3 Negative Auswirkungen auf das Umfeld

Die Patienten schilderten, dass ihre Entscheidung, keine Medikamente mehr zu nehmen, und/oder ihr verändertes Verhalten unangenehme Auswirkungen auf ihr Umfeld hatten. Durch ein aggressiveres, lauteres Auftreten hätten die Menschen in ihrer Umgebung Angst vor ihnen bekommen, sodass in einigen Fällen polizeiliche Hilfe gesucht wurde.

> *»(...) aber da hat meine damalige Lebensgefährtin gesagt, sie hätte auch Angst vor mir gehabt, und meine jetzige Frau hat auch schon wegen mir die Polizei geholt.« Paul (10:27)*

Die Angst sei eine große Motivation der Angehörigen, den Patienten in die Obhut einer psychiatrischen Einrichtung zu geben. Die Patienten betrachteten es als negativ, dass sie bei ihnen nahestehenden Menschen Angst auslösen.

Auch sei es aufgrund der Verweigerung zu Spannungen innerhalb der Familie gekommen. Die Angehörigen hätten versucht, die Patienten zur Einnahme von Medikamenten zu drängen. Dadurch seien Konflikte entstanden.

> *»Also, meine Mutter hat mich immer wieder darauf hingewiesen, nimm die Medikamente, nimm die Medikamente. Ich habe sie oftmals nicht genommen. Es gab auch Streit in der Familie deswegen und ähm, weil ich immer wieder Rückfälle bekommen habe und immer wieder gesagt habe, ich brauche die Medikamente nicht, ich fühle mich so ganz gut und ich bin ganz fit eigentlich. Ja, es gab da schon ziemlich Zwist in der Familie.« Jean Jaques (11:23)*

Das Phänomen schuf eine Kluft zwischen Familienangehörigen und Patienten, da die Patienten sich von ihnen unverstanden fühlten. Dass das Umfeld die Entscheidungen der Patienten nicht respektiere und eher auf die Meinung von vermeintlichen Experten höre, verletzte die Patienten und sie fühlten sich dadurch weiter ins Abseits gedrängt.

> *»In dem Moment habe ich das überhaupt nicht verstanden. In dem Moment bin dann total in eine Abwehrhaltung gegangen, habe gesagt, ihr könnt das nicht nachvollziehen, ihr steckt nicht in meiner Haut, ihr könnt nicht nachvollziehen, dass ich sie jetzt nicht mehr brauche (...), ich will ein Leben führen wie jeder andere auch, ich will wieder zurück ins normale Leben finden.« Jean Jaques (11:25)*

3.1.5 Strategien der Patienten

Die Patienten beschrieben im Umgang mit dem Phänomen der Medikamentenverweigerung folgende Handlungsstrategien:

- »Unkooperative« Strategien:
  - Ablehnung und Absetzen von Medikamenten

    - Psychiatrie ohne Zwang fordern
    - Beschwerde einlegen
- »Kooperative« Strategien:
    - Nachgeben und die Medikamente nehmen
    - Mit der Erkrankung leben lernen
    - Abwägen zwischen Nutzen und Risiken
    - Behandlungsvorschläge machen
- Umgang mit Nebenwirkungen:
    - Behandler aufmerksam machen
    - Informationen suchen
- Umgang mit Angehörigen:
    - Abgrenzung
    - Widerstand

3.1.5.1 »Unkooperative« Strategien

In dieser Unterkategorie wurden Strategien gesammelt, in denen die Patienten in einer Art und Weise auftraten, die von ihrem Umfeld als unkooperativ empfunden wurden. Die Patienten verhielten sich ablehnend gegenüber Medikamenten und setzten diese ab.

> *»Ich habe vor, sie (Anm. die Medikamente) über längere Zeit weiter auszuschleichen.« Paul (10:31)*

Die befragten Patienten gaben an, dem Arzt nur das Nötigste zu erzählen und forderten eine Behandlung ohne Medikamente und Zwang.

> *»Sollten da auch so Spezialisten drin sein, die sich (...) auskennen sollten, dass es auch ohne Medikamente behandelbar ist.« Merlin (4:8)*
>
> *»Es ist die Frage, ob es nicht möglich gewesen wäre, auch ohne Zwangsbehandlung die Psychiatrie weiterzuführen, weil die Vorteile sind eigentlich groß, auch wenn man nicht mehr zwangsbehandeln darf, dass viel mehr die Möglichkeiten ausgeschöpft werden, ohne Gewalt zu reagieren.« Paul (10:39)*

Falls dies nicht erfolgte, legten sie Beschwerde ein und zögen notfalls vor Gericht.

> *»Und gegen die Frau, die Vorgängerin, bin ich auch vor Gericht gegangen, weil die Unterbringung mir zu lange gedauert hat, habe ich mich dagegen gewehrt und habe sogar den Prozess gewonnen, weil die Frau mich verstanden hat.« Franz (12:18)*

3.1.5.2 »Kooperative« Strategien

Das Umfeld nahm die Patienten als kooperativ war, wenn sie sich um eine Einigung bemühten und Anweisungen befolgten. Die Teilnehmer schilderten verschiedene Gründe, warum sie Medikamente einnahmen. Sie berichteten, dass sie nachgeben und die Medikamente nehmen würden, um einen Krankheitsrückfall oder Gewalt gegen ihre Person zu vermeiden.

»Also, ich werde die Medikamente auch nach wie vor nehmen, weil das ist schon okay. Weil es heißt ja auch, ohne Medikamente gibt es keine, ist der Rückfall so groß.« Elvis (17:39)

Andere Befragte seien im Rahmen einer richterlichen Anordnung zur Medikamenteneinnahme gezwungen worden.

»Und ich quäle mich mit der Medizin, ich nehme sie halt, das ist o.k. Wenn die das so meinen und mir richterlich vorschreiben. Aber es ist eine furchtbare Qual, vor allem wenn ich noch mehr einnehmen soll, als ich vorher hatte.« Franz (12:25)

Vor dem Entschluss, compliant zu sein, stehe die Abwägung zwischen Nutzen und Risiken.

»Aber ich nehme das schon so lange, dass ich damit gut leben kann. Ich habe Glücksgefühle, ich habe auch Wut und das kenne ich, aber ich denke halt alles etwas abgeschwächt. Ich glaube das muss auch so sein bei der Erkrankung, weil wenn ich da ungeschützt bin, ist die Gefahr eben groß, dass des (Gefühle Anm.) zu stark werden.« Paul (10:53)

Einige Patienten bemühten sich um ein angepasstes Verhalten, um entlassen werden zu können oder weiteren Zwangsmaßnahmen zu entgehen.

»Ich meine, natürlich nehme ich es. Ich habe es immer brav genommen. Und werde es auch dieses Mal wieder tun.« Elvis (17:40)

Eine weitere Möglichkeit, eine Einigung mit den behandelten Ärzten zu finden, sei es, Behandlungsvorschläge zu äußern.

»Aber mit der Psychiaterin konnte ich eben sprechen und sie hat das eingesehen und hat gesagt o.k., wir bleiben bei der bisherigen Medikation.« Jean Jaques (11:10)

3.1.5.3 Mit der Erkrankung leben lernen

Im weiteren Verlauf spielte der Umgang mit der Erkrankung eine Rolle. Die befragten Patienten schilderten verschiedene Strategien, um aktiv am Leben teilzunehmen, beispielsweise Sport, Anschluss an Betroffenengruppen und das Sammeln von Informationen.

»Ich glaube, dass zum Beispiel Therapiemaßnahmen und ein Stück weit Eigentherapie, ich stehe jetzt auf, ich gehe joggen, ich nehme den Tag in Kauf, ich will wieder am Leben beteiligt sein, also, mindestens genauso einen großen Stellenwert haben wie Medikamente.« Jean Jaques (11:34)

3.1.5.4 Umgang mit Nebenwirkungen

Entschlossen sich die Patienten dazu, die Medikamente zu nehmen, wurden Strategien gewählt, um mit unerwünschten Konsequenzen umzugehen. Falls die Patienten beispielweise Nebenwirkungen bemerkten, machten sie den zuständigen Arzt oder das Pflegepersonal darauf aufmerksam.

> *»Ich habe es (Anm. Nebenwirkungen) gesagt (Anm. dem behandelnden Arzt) und dann wurde das auch getestet und man hat es auch festgestellt.« Holger (11:48)*

Es sei versucht worden, eine andere Lösung als den Abbruch der medikamentösen Behandlung zu finden. Ein Patient berichtete, dass er sich über mögliche Nebenwirkungen informiere, um sich darauf einstellen zu können. Treten dann unbekannte Nebenwirkungen auf, suche er Kontakt mit dem Pflegepersonal zur Abklärung.

> *»Muskeltaubheit, dass die Muskeln sich zu sehr entspannen, ich habe die Nebenwirkungen noch nicht gelesen, aber das ist bei mir jetzt irgendwie aufgetreten. Da wollte ich mich ja auch mit der Pflege unterhalten und die haben mich dann praktisch verwiesen an meinen behandelnden Arzt, dass ich das mit ihm mache.« Adam (5:81)*

3.1.5.5 Umgang mit Angehörigen

Einige Patienten wünschten sich eine Abgrenzung von den Angehörigen. In diesen Fällen war beispielsweise die Anwesenheit der Angehörigen bei Arztgesprächen nicht erwünscht.

> *»Dann war sie (Anm. Mutter des Patienten) heute noch kurz da (...) Und sie wollte heute vielleicht auch beim Arztgespräch dabei sein, da war ja Oberarztvisite. Da wollte sie dabei sein, eigentlich wäre sie mit reingekommen. Dann habe ich gesagt, nee, sie kann schon draußen kurz warten.« Holger (13:34)*

Ebenfalls könne ein gesetzlicher Betreuer eingeschaltet sein, der sich um offizielle Angelegenheiten kümmere, erzählte ein Patient.

> *»(...) mache ich meine Sachen eigentlich selber. Ich habe meine gesetzliche Betreuerin und da braucht man dann auch nicht so viel Unterstützung.« Adam (5:84)*

Der Wunsch nach Abgrenzung konnte so weit gehen, dass die Patienten in eine Widerstandshaltung übergingen. Ein Patient untersagte dem behandelnden Arzt den Kontakt zu seiner Schwester und widersetzte sich der gesetzlichen Betreuung durch sie.

> *»Jetzt habe ich meiner Schwester gesagt, sie darf nicht mehr herkommen und der Arzt darf nicht mehr mit ihr telefonieren, und ich habe gesagt, die Betreuung, kannst machen, was du willst, ich höre nicht mehr auf dich. « Franz (12:3)*

3.1.6 Intervenierende Bedingungen der Patienten

Intervenierende Bedingungen beeinflussen und modifizieren die Art der im Umgang mit dem Phänomen gewählten Strategie. Das wurde deutlich durch die Anzahl an Codes und Zitaten. Die intervenierenden Bedingungen können als Stellschrauben angesehen werden. Durch sie können die Strategien und die daraus resultierenden Konsequenzen verändert werden. In diesem Absatz werden die Faktoren erläutert, die die Handlungsstrategien der Patienten beeinflussen. Genannt wurden

- Akzeptanz der stationären Behandlung
- Akzeptanz der medikamentösen Behandlung
- Frühere Erfahrungen/Vorerfahrungen
- Einstellungen zu Zwangsmaßnahmen
- Einweisung/Unterbringung
- Beziehungen zum behandelnden Arzt
- Persönlichkeit

3.1.6.1 Akzeptanz der stationären Behandlung

Die Bereitschaft des Patienten, eine Behandlungsmaßnahme zu akzeptieren, wurde durch die Freiwilligkeit bzw. Unfreiwilligkeit des stationären Aufenthalts beeinflusst. Außerdem nahmen die Stellung der Psychiatrie und mögliche Ziele, die vom Patienten verfolgt wurden, Einfluss auf die Akzeptanz der Behandlung.

Wurde ein Patient gegen seinen ausgesprochenen Willen einer Behandlung zugeführt, fiel es den meisten schwer, diese zu akzeptieren und anzunehmen.

»Ich bin noch nie freiwillig hierher.« Gertrude (3:28)

Alle befragten Patienten hatten Erfahrungen mit einem oder mehreren unfreiwilligen Aufenthalten gemacht und/oder befanden sich zum Zeitpunkt des Interviews unfreiwillig in Behandlung. Nicht alle erlebten diesen Umstand als relevant für die Akzeptanz einer Behandlung.

Im Gegensatz dazu standen betroffene Patienten, die sich selbstständig in eine Behandlung begeben hatten.

»Ich habe das gemerkt und habe gesagt, ich will einen Schlussstrich ziehen und bin hierher gegangen (...) Am nächsten Tag habe ich mich einweisen lassen.« Emily (16:1)

Die Psychiatrie wurde von diesen Befragten als geschützter Rahmen aufgefasst, der Raum und Struktur bieten könne. Gewährleistet werden könne dies durch Ansprache, Therapiemaßnahmen und Akzeptanz des Patienten.

»Aber es ist hier schon so ein kleiner geschützter Rahmen, wo man einfach sein kann, genau, aber es war dann eben die Bedingung mit den Tabletten.« Merlin (4:49)

Es wurde jedoch auch darüber berichtet, dass die gewünschten fürsorglichen Maßnahmen durch die Mitarbeiter nicht geleistet wurden und die Patienten sich alleine gelassen fühlten.

»Ich bin hier ganz alleine gelassen worden (...) Ich bin bloß rumgelaufen, ich wusste gar nicht, wo ich bin.« Elvis (17:20)

Auch finanzielle Abhängigkeit von den Angehörigen bewegte die Patienten dazu, sich in Behandlung zu begeben, aus der Sorge heraus, sonst keine finanzielle Unterstützung mehr zu erhalten.

»Natürlich muss man dazu sagen, dass der finanzielle Faktor im Moment dann schon mit reingespielt hat. Ich habe auf der Straße geschlafen.« Merlin (4:43)

Ein weiterer wichtiger Punkt seien die Ziele, die der Patient zu erreichen wünsche. So könne die Wiedererlangung eines selbstständigen Lebens sowie Struktur und ein geregelter Tagesablauf durch aktive Teilnahme an der Therapie erreicht werden.

»Was mich bewegt hat, sie wieder zu nehmen, war vor allem, ähm, dass ich irgendwann mal wieder aus diesem ganzen Kreislauf und Krankenhaussog, aus der Psychiatrie wieder raus möchte, wieder ein eigenständiges Leben leben möchte.« Jean Jaques (11:20)

3.1.6.2 Akzeptanz der medikamentösen Behandlung

In dieser Unterkategorie wurden Aussagen über in der Vergangenheit liegende Situationen gesammelt, die die Bereitschaft zur Medikamenteneinnahme modifizierten.

Die Bereitschaft, Medikamente einzunehmen, wurde dadurch gesteigert, dass Medikamente als hilfreich empfunden wurden. Einige Patienten berichteten, dass sie sich stabiler fühlten, sich besser konzentrieren könnten und krankheitseinsichtig würden.

»Ich will so weit stabilisiert werden, praktisch, dass ich jetzt gut eingestellt bin.« Adam (5:87)

Auf der anderen Seite gaben einige betroffene Patienten an, dass es ihnen ohne Medikamente besser gehe und sie wieder arbeiten gehen könnten. Sie fühlten sich dadurch in ihrem Entschluss bestärkt, keine Medikamente mehr einzunehmen. Auch die Angst vor möglichen Nebenwirkungen wirkte sich auf die Entscheidungsfindung aus. Genannt wurden Nebenwirkungen wie eine mögliche Gewichtszunahme, Müdigkeit, Agitiertheit und negative Wechselwirkungen zwischen den Medikamenten und bestehenden körperlicher Erkrankungen.

»Was mir halt Angst macht, ist (...) Ich habe ein Prolaktinom im Kopf. Es ist halt so, die Medikamente sind auf Dauer nicht wirklich gesundheitlich fördernd. Das ist halt das Einzige. Ich habe eine Zeit lang das Risperdal genommen und dann habe ich mal den Beipackzettel gelesen, da steht, gerade wenn Sie

ein Prolaktinom haben, dürfen Sie es nicht nehmen, auf gar keinen Fall (...) Und deswegen und halt auch so diese negative Wirkung, sodass man 20 kg zunimmt.« Elvis (17:39)

Es erfolgte eine Abwägung von Nutzen und Risiken der Medikamenteneinnahme.

»Also, entscheidend – es kann ja auch sein, dass das Medikament viel mehr Nebenwirkungen hat, als dass es wirklich eine Wirkung hat.« Jean Jaques (11:7)

Erfahrungen mit Medikamenten spielten ebenso eine Rolle. Im Verlauf ihrer Erkrankung kamen die Patienten mit verschiedenen Präparaten in Kontakt, welche unterschiedliche Wirkungen und Nebenwirkungen auf sie gehabt hätten. Die Dosierung habe einen Einfluss auf die Wirksamkeit. Zusätzlich tauschten sich die Patienten untereinander aus und berücksichtigten Aussagen anderer Betroffener bezüglich schlechter Erfahrungen.

3.1.6.3 Frühere Erfahrungen/Vorerfahrungen

Der Umgang mit der Erkrankung und der Therapie wurde von Erfahrungen beeinflusst, die im Vorfeld gesammelt worden waren. Wenn die stationäre Behandlung als negativ erlebt wurde, suchten die Patienten im erneuten Krankheitsfall eher nicht den Kontakt zum Gesundheitssystem.

»Es ist für mich der reinste Horror, immer schon gewesen, die Vorstellung ich müsste wieder da rein, deswegen habe ich auch klipp und klar meiner Schwester gesagt, bringt mich nicht in die Psychiatrie.« Elvis (17:18)

Die Teilnehmer beschrieben v. a. ein mangelndes Interesse an ihrer Person seitens der behandelnden Ärzte und des Gesundheits- und Krankenpflegepersonals und das Gefühl, nach dem Aufenthalt allein gelassen worden zu sein.

»(...) früher war es ja wirklich so, man hat Medikamente gekriegt, man wurde mit Medikamenten zugeballert. Man hat 20 kg zugenommen. Es hat niemanden interessiert. Man ist entlassen worden, es hat niemanden interessiert, wie es dir dann später geht (...)« Elvis (17:28)

Die Patienten sammelten auch Erfahrungen mit Gewalt durch die Polizei.

»(...) dann auf diesem Polizeirevier und da sind Maßnahmen angewandt worden, die für mich und meine Philosophie nichts mehr mit Friedfertigkeit zu tun haben.« Merlin (4:33)

3.1.6.4 Einstellungen zu Zwangsmaßnahmen

Zwangsmaßnahmen spielen als intervenierende Bedingung eine relevante Rolle, da sie oft als unmittelbare Drohung im Raum standen oder von Patienten antizipiert wurden. Die Strategien der Patienten wurden davon beeinflusst, was für eine Handlung sie von der »Gegenseite« erwarteten – je nach Einstellung dazu wählten sie ihre Strategien.

Der Großteil der interviewten Patienten erlebte Zwangsmaßnahmen in Form von körperlicher Fixierung, Isolierung oder medikamentöser Zwangsbehandlung. Sie bewerteten die Erfahrung vom Verlust der Selbstbestimmung unterschiedlich. Falls Gefahr für Dritte im Verzug sei, könne es angebracht sein, eine Fixierung oder Isolierung anzuwenden.

»(...) in Notsituationen ist Gewalt angebracht.« Paul (10:20)

Auch die unfreiwillige Verabreichung von Medikamenten könne bei mangelnder Einsicht notwendig und dadurch gerechtfertigt sein.

»Einmal ist mir auch was gespritzt worden, wobei ich denke, klar, es war sicher gegen meinen eigenen Willen, aber es war wahrscheinlich notwendig.« Elvis (17:27)

Es wurde jedoch auch die Ablehnung solcher Maßnahmen beschrieben sowie ein innerer Konflikt bezüglich der angebrachten Handlungen in einer solchen Situation.

»Sie dürfen das nicht.« Holger (13:33)

Die Angemessenheit einer Zwangsmaßnahme wurde angesprochen. Sei die Zwangsmaßnahme nicht angemessen, werde sie als willkürlich empfunden.

»Da ist jemand drei Wochen in seinem Bett fixiert worden, nur weil er, ähm, er hat unglaublich laut Musik gehört in seiner Wohnung (...) Es war schon ein ziemlicher elender Zustand, das so mitzubekommen. In dem Fall fand ich das ein bisschen übertrieben, es hätten auch ein paar Tage ausgereicht.« Jean Jaques (11:53)

3.1.6.5 Einweisung/Unterbringung

Wie der Patient eine unfreiwillige Unterbringung in einer psychiatrischen Einrichtung bewertete, hatte Einfluss darauf, ob er während des Aufenthalts kooperierte oder sich abwehrend verhielt. Ein Aufenthalt konnte trotz einer Zwangseinweisung positiv erlebt werden.

»Ich hätte auch können außerhalb das machen, von zu Hause aus, aber das Positive habe ich gleich erkannt, das ist eigentlich, wie die Leute hier reagieren, wenn sie Schlimmes durchlebt haben, egal durch welche Art, das ist positiv.« Irmgard (15:16)

3.1.6.6 Beziehungen zum behandelnden Arzt

In dieser Unterkategorie wurden Faktoren gesammelt, die das Verhältnis zwischen Arzt und Patient positiv und negativ beeinflussten.

Vertrauen in den behandelnden Arzt sei von Bedeutung, um eine funktionierende Beziehung aufbauen zu können. Sei dies vorhanden, könne der Patient offen über seine Probleme sprechen.

»Man muss ja auch zu seinen Therapeuten Vertrauen haben, über seine Geschichte sozusagen reden. Das ist das Wichtigste, das Vertrauensverhältnis.« Adam (5:42)

Weiterhin sei es positiv, wenn gegenüber dem behandelnden Arzt Sympathie empfunden werden könne. Sei dies nicht der Fall, so sollten die Patienten einen anderen Arzt auswählen können. Dies könne aber von einem Krankhaus, im Gegensatz zu einer ambulanten Behandlung, nicht gewährleistet werden.

Ein Teilnehmer setzte Vertrauen mit dem Verständnis für seine Probleme gleich. Fehle das Vertrauen, könne mit dem Arzt nicht über Probleme gesprochen werden.

»Ich denke mir halt auch, keine Ahnung, ich denke mir eben auch, dass man manche Sachen lieber nicht erzählt. Ich kenne ja die Ärzte hier auch nicht.« Holger (13:31)

Ein Patient schilderte, dass er kein Vertrauen in die Ärzte habe und sich von ihnen nur ruhiggestellt und nicht ernst genommen fühle.

»Auf jeden Fall, die denken, ich kann nichts oder ich könnte nicht mehr oder ich bin – was weiß ich, was die wollen, die wollen mich einfach ruhig halten. Die wollen mich ruhigstellen und sagen, dann bin ich stabil.« Franz (12:21)

3.1.6.7 Persönlichkeit

In dieser Unterkategorie wurden Aussagen gesammelt, in denen die Patienten sich selbst beschrieben und darstellten, wie sie sich selbst erlebten.

Ein Teilnehmer war der Ansicht, dass er einer Behandlung zustimme, da er ein Mensch sei, der zu wenig Widerspruch leiste und tolerant sei.

»Es hängt mit meinem Charakter zusammen, denke ich, weil ich halt jemand bin, das kann man positiv formulieren, indem man sagt, ich bin tolerant und sehe alle Seiten und versuche auch die anderen Seiten zu verstehen. Man kann aber auch sagen, ich bin systemkonform und traue mich nicht zu widersprechen, wo Widerspruch nötig wäre.« Paul (10:48)

3.1.7 Konsequenzen aus den Strategien

In dieser Kategorie wurden die Aussagen der Teilnehmer über die Auswirkungen ihrer gewählten Strategien gesammelt:

- Medikamente nehmen
- Medikamente nicht nehmen

3.1.7.1 Auswirkungen der Strategie »Medikamente nehmen«

Es wurden positive und negative Auswirkungen der Strategien genannt. Als positiv sahen die Patienten eine Verbesserung ihres Zustands, eine erhöhte Kontrolle der Gefühle und eine Wiedererlangung eines erholsamen Schlafs.

> *»Die Medikamente. Naja, bedingt helfen sie schon. (...) Dann kann ich halt schlafen und so.« Holger (13:20)*
>
> *»Aber rein aus Vernunftsgründen, ist aber auch wahrscheinlich sinnvoll so, weil das sicherlich schon so ist, dass man mit Medikamenten dann wieder wirklich einen klaren Kopf kriegt.« Elvis (17:39)*

Es wurde beschrieben, dass es zu einer Entspannung der Konflikte mit den Angehörigen gekommen sei.

> *»Zu meinem Vater, seitdem ich jetzt hier bin, die Medikamente nehme und so (...) ist es entspannt (...)« Merlin (4:25)*

Als negative Auswirkungen wurden die entstehenden Nebenwirkungen genannt.

> *»Ich habe mich wie angenagelt gefühlt, es war ein schrecklicher Zustand.« Jean Jaques (11:3)*

3.1.7.2 Auswirkungen der Strategie »Medikamente nicht nehmen«

Neben den in Kapitel 3.1.4.1 und 3.1.4.2 direkt aus dem Phänomen entstehenden positiven und negativen Auswirkungen auf den Patienten beschrieben die Patienten als eine Folge ihrer Strategie der Nichteinnahme der Medikamente, dass ihnen eine Behandlung verweigert worden sei.

> *»Die Sache war die, dass sie (Anm. die behandelnden Ärzte) dann gemeint haben, dass wenn ich keine Medikamente nehme, dann gibt es auch keine Behandlung.« Merlin (4:2)*

Es sei Gewalt gegen sie angewendet worden.

> *»In dem Moment (...) ich musste freiwillig mitgehen, weil sie ansonsten mir den Arm irgendwie verdreht hätten.« Elvis (17:4)*

Ein Teilnehmer berichtete als positive Auswirkung, dass ihm auf juristischem Wege Recht gegeben worden sei.

3.1.8 Wahrnehmung der anderen Gruppen aus Sicht der Patienten

Zu der Analyse der Gespräche gehörte ebenfalls, wie Patienten die anderen interviewten Gruppen wahrnahmen. Die Patienten beschrieben deren Handlungsstrategien, die daraus folgenden Konsequenzen und durch welche Faktoren die Strategien beeinflusst wurden.

3.1.8.1 Ärztliche Mitarbeiter und Gesundheits- und Krankenpflegepersonal

3.1.8.1.1 Strategien

Die beschriebenen Handlungsstrategien des ärztlichen Personals zum Umgang mit der Medikamentenverweigerung konnten in zwei Kategorien unterteilt werden:

- Nicht-Respektieren der Autonomie des Patienten
- Respektieren der Autonomie des Patienten

In der Kategorie »Nicht-Respektieren der Autonomie des Patienten« wurde von Patienten beschrieben, dass sie sich von den Ärzten zurückgewiesen fühlten. Es fänden zu wenige Gespräche statt und Ziel der Ärzte sei es lediglich, die Patienten ruhigzustellen.

»Weil ich halt eben finde, man wird mit Medikamenten behandelt, ruhig gestellt – die Gespräche, die fehlen.« Elvis (17:19)

Weiter wurde eine paternalistische Haltung beschrieben.

»(...) habe ich Psychiater kennengelernt, die ziemlich strikt waren, mit denen überhaupt nicht menschlich gesprochen werden konnte, weil man irgendwie total abgestempelt war, und da hatte ich schon Angst vor einer Zwangsmedikation.« Jean Jaques (11:12)

Um den Patienten von einer Medikamenteneinnahme zu überzeugen, wurden verschiedene Stufen von Zwang beschrieben. So werde zuerst versucht, den Patienten zu überreden. Danach komme es zu einer Androhung von Zwangsmaßnahmen oder Zwangsmedikation. Die Durchführung einer Zwangsmedikation sei die letzte Stufe.

»Einfach auch durch verbalen Druck, teilweise auch, wenn Sie es nicht nehmen, dann fixieren wir Sie, und solche Geschichten dann, ja.« Paul (10:13)

»Und dann war es so, dass die Psychiaterin gesagt hat, dass ich möglicherweise zwangsmedikamentiert werde.« Jean Jaques (11:6)

Auch werde versucht, dem Patienten das Medikament ohne sein Wissen zu verabreichen. Nach einer Zwangsmaßnahme suchten die Ärzte oft ein Nachgespräch mit dem Patienten.

In der Unterkategorie »Respektieren der Autonomie des Patienten« schilderten die befragten Patienten Handlungsstrategien, bei denen sie sich wahrgenommen und in die Behandlung mit einbezogen fühlten. Das ärztliche Personal habe viele Gespräche geführt, in denen Vertrauen aufgebaut werden konnte. Des Weiteren sei die Medikamenteneinnahme gemeinsam mit den Patienten beschlossen und ihnen dadurch ein Mitentscheidungsrecht eingeräumt worden.

»Dann hat man im Oberarztgespräch doch klargestellt, dass ich nicht krankheitsuneinsichtig bin, dass ich schon Medikamente nehmen werde, wenn es sein muss. Das hat man dann (...) hat der Doktor Y, das mit mir, bei der Oberarztvisite haben wir ausgemacht.« Elvis (17:14)

Ein Patient beschrieb, dass das pflegerische Personal mittlerweile mehr deeskaliere und weniger fixiere als früher.

»Früher hat man fixiert, heute deeskaliert man.« Paul (10:54)

3.1.8.1.2 Intervenierende Bedingungen

Intervenierende Bedingungen für die gewählten Strategien konnten in folgende Unterkategorien eingeteilt werden:

- Einstellungen zu Medikamenten
- Rollenverständnis
- Geringes Interesse

In den Augen der Patienten schienen ärztliches und pflegerisches Personal auf eine medikamentöse Behandlung fixiert.

»Und Psychiater, habe ich oft den Eindruck, sagen, dass Medikamente alles regeln, dass der Mensch nach einem Reaktionsmechanismus funktioniert. Also, ich mache da ein Tröpfchen rein und so.« Jean Jaques (11:35)

Ein Patient berichtete, dass als Grundlage für jede weitere Behandlung die Medikamenteneinnahme gesehen werde. Ansonsten müsse er die stationäre Behandlung beenden. Falle die medikamentöse Behandlungsmöglichkeit weg, wirke das Klinikpersonal hilflos und seiner einzigen Handlungsstrategie beraubt.

»Es ist wahrscheinlich eine gewisse Hilflosigkeit vom Personal, aber eigentlich ist es keine gute Methode, es ist eigentlich auch eine Zwangsmaßnahme, wenn man es genau nimmt, auch verbale Gewalt ist Gewalt.« Paul (10:14)

Mit allen Mitteln werde weiter versucht, den Patienten zur Compliance zu überreden. Dies sei jedoch ebenfalls eine Art von Zwang. Überreden sei Teil des paternalistischen Rollenverständnisses, das von einigen ärztlichen Mitarbeitern vertreten werde.

»Und da sind die Ärzte, die am längeren Hebel, die sagen, das, was der sagt, ist alles Blödsinn, und der Mann hat so eine dicke Akte und da steht so viel Zeug drin und was er schon für Medikamente genommen hat und der braucht die und sie sehen ja, da hat er sie schön eingenommen, schön brav. In dem Zeitraum war er stabil.« Franz (12:29)

Illustriert werde dies weiter durch Zurückweisung, mangelndes oder auch fehlendes Einfühlungsvermögen und mangelndes Interesse am Patienten und seiner Geschichte. So etwas könne zu nicht angemessenen Zwangsmedikationen führen.

»Aber in manchen Fällen sollte man einfach ein bisschen mehr auf den Menschen eingehen, mehr recherchieren, ein bisschen mehr über den Menschen herausbekommen und dann über die Zwangsmedikation entscheiden.« Jean Jaques (11:41)

Ein Teilnehmer merkte an, dass sich die innere Haltung zu Zwangsmaßnahmen bei der neuen Generation der pflegerischen Mitarbeiter verändert habe. Zwar gebe es auch noch einige, die ihre Macht ausspielen würden, doch diese Art von Beziehungsgestaltung sei auch von ärztlicher Seite aus im Rückgang.

»Und in der neuen Generation von Pflegern hat sich die Haltung auch geändert und es sind viele da, denen die Fixierung genauso für sie traumatisch ist, fast so wie für den Patient. Viele Pfleger wollen das ja auch nicht, es gibt zwar immer noch welche, die dann ihre Macht ausspielen wollen, aber meiner Meinung sind das schon weniger geworden.« Paul (10:33)

3.1.8.1.3 Konsequenzen aus den gewählten Strategien

In dieser Kategorie wurden die von den Patienten genannten Auswirkungen der im vorigen Abschnitt beschriebenen ärztlichen Handlungsstrategien gesammelt.

Respektierten die ärztlichen Mitarbeiter die Patientenautonomie und führten sie beispielsweise Gespräche mit den Patienten, empfanden die Patienten dies als hilfreich.

»Zu [behandelnde Ärztin] habe ich etliche Gespräche gehabt, das hat mir auch sehr geholfen (...)« Elvis (17:25)

Weiterhin berichtete ein Patient, dass er in einem gemeinsamen Gespräch eine Einigung mit der behandelnden Ärztin habe treffen können, und so habe von einer Zwangsmedikation abgesehen werden können.

Wurden die Patienten nicht in die Entscheidungen mit einbezogen und ihre Vorschläge zur Behandlung ignoriert, fühlten sie sich nicht respektiert. Wenn sie sich zu wenig wahrgenommen fühlten, konnten sie auch die Vorschläge des Arztes kaum wertschätzen oder umsetzen. Die fachliche Kompetenz des Behandlers wurde infrage gestellt.

Ein Befragter gab an, dass er eine Zwangsmedikation für menschenunwürdig halte.

»Einer der stärksten Eingriffe in die Menschenwürde, die es zurzeit gibt, ist die Zwangsmedikation.« Jean Jaques (11:40)

Ein Teilnehmer berichtete, dass er sich gefühlt habe, als ob er medikamentös zwangsbehandelt würde, da er Medikamente verordnet bekommen habe, der behandelnde Arzt jedoch jegliches Gespräch darüber abgewiesen habe.

»Der Psychiater war der Meinung, dass es notwendig ist, und in dem Rahmen habe ich mich gefühlt, also, es war jetzt nicht ein richterlicher Beschluss, der vorgelegen hat. Ich habe mich eben gefühlt, als werde ich zwangsmedikamentiert.« Jean Jaques (11:18)

Die konkrete Erfahrung einer Zwangsmedikation beschrieb ein Teilnehmer als sehr traumatisch. Er habe sich nicht mehr als Herr über sich selbst gefühlt und sei in seiner Menschenwürde verletzt worden. Sicherungsmaßnahmen wurden von den Patienten ebenfalls negativ bewertet.

»Boah. Das (Anm. Fixierung) ist [Schimpfwort]. (...) Es ist nicht schön.« Holger (13:7)

Einige wenige sahen eine Zwangsmedikation oder eine Sicherungsmaßnahme im Nachhinein als hilfreich an.

»Ich bin einsichtig, ich glaube, dass ich die Behandlung gebraucht habe, aber bloß irgendwie mit den Medikamenten halt sozusagen.« Adam (5:22)

Der Umgang der Ärzte mit Angehörigen wurde unterschiedlich bewertet. Zum einen sei es positiv, dass die Behandler Kontakt zu den Angehörigen suchen und sie mit einbeziehen würden.

»Also, das habe ich jetzt auch gemerkt, der Doktor X hat sich mit meiner Familie auseinandergesetzt und hat sich wirklich Zeit genommen und (...) sagt er, will mir helfen.« Elvis (18:2)

Zum anderen sei es inakzeptabel, wenn diese dazu überredet werden sollten, dem Patienten ohne sein Wissen Medikamente zu geben.

»Der Leiter damals von [psychiatrische Einrichtung] war befreundet mit meiner Familie und der hat meiner Mutter dann ein Rezept gegeben und er hat von meiner Mutter verlangt, dass sie mir Medikamente gibt.« Elvis (18:3)

3.1.8.2 Angehörige

3.1.8.2.1 Strategien

In dieser Kategorie wurden die von den Patienten beschriebenen Handlungsstrategien eingeteilt in:

- Druck auf Patienten ausüben
- Patient unterstützen

In der Unterkategorie »Druck auf Patienten ausüben« wurden Codes gesammelt, in denen die Patienten beschrieben, wie ihre Angehörige sie zu einer Behandlung bewegen wollten.

Einige berichteten, dass ihre Angehörigen sie gebeten hätten, ihre Medikamente einzunehmen.

»Meine Mutter sagt natürlich, ich soll meine Medikamente immer nehmen. Immer weiter.« Holger (13:21)

Wurde dieser Bitte nicht Folge geleistet, drohten die Angehörigen, den behandelnden Arzt zu informieren oder den Patienten finanziell unter Druck zu setzen. Seien diese Strategien auch nicht erfolgreich, würden die Angehörigen die Patienten in die Psychiatrie einweisen lassen.

»Ich bin viermal wegen meiner Schwester in der Psychiatrie gelandet, seit sie Vollbetreuerin ist von mir. Die weist mich ja immer ein.« Franz (12:2)

In der Unterkategorie »Patient unterstützen« wurden Codes gesammelt, in denen die Patienten Strategien beschrieben, die sie als positiv bewerteten. Die Angehörigen unterstützten sie finanziell.

»Mein Vater hat mich auch unterstützt, er hat mir Geld vorbeigebracht, es ist jetzt irgendwie wieder Geld vorbeigebracht.« Adam (5:53)

Die Familie wurde als Unterstützung wahrgenommen. Die Patienten berichteten darüber, dass sie aufgenommen werden, wenn es ihnen schlechter gehe, und dass sie sich auch im Rahmen einer Betreuung um sie kümmerten.

»Sie (Anm. Schwester des Patienten) hat sich halt immer gekümmert um mich, weil der Papa nicht mehr konnte (...) später hat sie dann geglaubt, sie müsste Betreuung für mich machen, weil ich halt oft viel Geld ausgebe und dann kaum klarkomme.« Franz (12:8)

Die Angehörigen bemühten sich um eine Behandlung, beispielweise indem sie für den Patienten beim Psychiater anriefen, im Krankheitsfall eine Einweisung in eine stationäre psychiatrische Behandlung veranlassten und die Patienten dann auch im Krankenhaus besuchten.

»Ich bin psychotisch geworden und meine Familie hat mich dann, hat den Psychiater gerufen.« Elvis (17:1)

Eine Einweisung durch die Angehörigen konnte somit auch als hilfreich empfunden werden. Als Unterschied zur Unterkategorie »Druck auf Patienten« kann gesehen werden, dass mit dem Unterstützungsangebot nicht die Forderung an den Patienten verknüpft zu sein schien, die Behandlung auch anzunehmen.

Die Loyalität der Angehörigen gegenüber den Patienten könne so weit gehen, dass die Angehörigen die Verweigerung der Medikamenteneinnahme des Patienten deckten, damit dieser in Behandlung verbleiben könne. Sie würden sich wünschen, dass der Patient geschützt sei.

»Meine Eltern wollten zumindest, auch wenn ich sie nicht nehme, dass ich in einem geborgenen Rahmen bin, dass es mir einigermaßen gut geht und dass da nichts zerstört wird.« Jean Jaques (11:32

3.1.8.2.2 Intervenierende Bedingungen

Die Handlungsstrategien der Angehörigen seien durch ihren Wunsch beeinflusst, für den Patienten zu sorgen und ihm zu helfen. Es solle für ihn ein geschützter Rahmen geschaffen werden. Es werde ihm Unterstützung angeboten, beispielsweise indem er dazu aufgefordert werde, über Symptome zu sprechen.

»Er (Anm. Vater der Patientin) hat gemeint, ich hätte es ihm sagen müssen, dass ich halt nicht schlafen kann.« Emily (16:7)

Ein Patient vermutete jedoch, dass dieser Fürsorgegedanke auch andere Gründe habe. Er empfand seine Schwester als fremdbestimmend. Er fühle sich von ihr in seiner Entscheidungsfreiheit zurückgesetzt. Sie behandle ihn wie einen kleinen Jungen.

»Die (Anm. Schwester des Patienten) sagt immer, du darfst doch, aber frag mich vorher. Ich bin doch kein kleiner Junge, der fragen muss, das versteht sie nicht.« Franz (12:40)

3.1.8.2.3 Konsequenzen aus den gewählten Strategien

In dieser Unterkategorie wurden Codes gesammelt, in welchen Patienten beschrieben, welche Auswirkungen der Strategien der Angehörigen sie wahrnahmen.

Eine Patientin beschrieb, dass sich ihr Angehöriger für sie Zeit genommen habe. Dadurch habe sie sich beachtet gefühlt und kam es zu einer Verbesserung der Beziehung.

> *»Es geht mir um meine Gesundheit, habe ich ihm gesagt. Mir war wichtig, dass ich ihm gegenübersaß, das hat ja stattgefunden und was ich auch klasse gefunden habe.« Irmgard (15:12)*

Wenn Angehörige dem Patienten ohne dessen Wissen Medikamente verabreichten, führte dies hingegen zu Konflikten und einer Verschlechterung der Beziehung.

> *»Über so was habe ich mich tierisch aufgeregt.« Elvis (18:6)*

3.2 Gruppe Angehörige

Aus der Gruppe der Angehörigen konnten acht Teilnehmer für die Untersuchung gewonnen werden. Die befragten Teilnehmer waren Angehörige von Patienten, welche zum Zeitpunkt der Befragung oder in der Vergangenheit Medikamente verweigert und Erfahrungen mit einer Sicherungsmaßnahme, Zwangsmedikation oder einem unfreiwilligen Aufenthalt in einer stationären psychiatrischen Behandlung gesammelt hatten. Die Rekrutierung dieser Teilnehmergruppe gestaltete sich anfangs schwer, da erst eine Möglichkeit der Kontaktaufnahme gefunden werden musste.

3.2.1 Beschreibung des Phänomens

Die Angehörigen beschrieben folgende Varianten des Phänomens:
- Die Patienten nehmen die Medikamente unregelmäßig ein.
- Die Patienten verweigern die Medikamenteneinnahme.
- Die Patienten verweigern die Behandlung vollständig.

3.2.2 Ursachen des Phänomens aus Angehörigensicht

Die Teilnehmer schilderten folgende Ursachen des Phänomens:
- Nebenwirkungen durch die Medikamente
- Fehlende Behandlungs-/Krankheitseinsicht
- Negative Erfahrungen mit dem Versorgungssystem

3.2.3 Kontext des Phänomens aus Angehörigensicht

Die von den Teilnehmern geschilderten Kontextvariablen konnten in zwei Unterkategorien eingeteilt werden:
- Rechtliche Lage
- Begünstigende Faktoren aufseiten des Patienten
  - Veränderung der Lebensumstände
  - Drogenkonsum
  - Patient lebt allein

3.2.3.1 Rechtliche Lage

Die befragten Angehörigen waren über die rechtliche Lage aufgeklärt und nahmen die rechtliche Lage als Kontextvariable wahr, die eine Verweigerung begünstigen könne.

> *»Er (Anm. der behandelnde Arzt) hat auch gesagt, leider ist die Gesetzgebung so, dass wir nicht gegen den Willen Ihres Sohnes medikamentieren dürfen.« Peter (6:86)*

Es könne zu einer Entlassung der unbehandelten Patienten kommen.

> *»Er (Anm. Sohn) kommt jetzt mal und guckt sich das jetzt so an und entscheidet dann, ob er Medikamente nimmt oder nicht. Und dann müssen sie (Anm. die behandelnde Ärzte) ihn ja wieder gehen lassen.« Peter (6:134)*

3.2.3.2 Begünstigende Faktoren aufseiten des Patienten

Die Angehörigen gaben an, dass gewisse Faktoren eine Entstehung des Phänomens fördern könnten. Sie führten zu einer psychischen Destabilisierung, in der dann auch die Medikamente nicht mehr genommen würden. Genannt wurden generelle Veränderungen der Lebensumstände.

> *»Auch die erste Psychose kam eigentlich, als er (Anm. Sohn) das erste Mal von zu Hause ausgezogen ist. Also solche räumlichen Veränderungen machen bei ihm ein seelisches Problem.« Inge (33:4)*

Der Konsum illegaler Substanzen sei ebenfalls ein Risiko für die Entstehung des Phänomens. Lebten die Patienten allein, fehle die Kontrolle von außen und oft sei bei den Patienten zu wenig Fähigkeit der Selbstkontrolle vorhanden. Auch dies würde die Medikamentenverweigerung begünstigen.

»Kann sein, dass wenn sie (Anm. Tochter) allein in der Wohnung ist, dass sie sie (Anm. die Medikamente) mal nicht nimmt.« Adalbert (30:9)

3.2.4 Konsequenzen aus dem Phänomen

In dieser Hauptkategorie wurden die Auswirkungen des Phänomens gesammelt, die von den Angehörigen beschrieben wurden.

Diese ließen sich unterteilen in:

- Auswirkungen auf die Patienten:
  - Symptome der Erkrankung
  - Konflikte mit dem Umfeld
  - Zwangsmaßnahmen
- Auswirkungen auf die Angehörigen:
  - Belastung
  - Entfremdung von den Patienten
  - Konflikte in der Familie und mit den Patienten
  - Frustration, Resignation und Hilflosigkeit
- Auswirkungen auf die behandelnden Ärzte:
  - Hilflosigkeit

3.2.4.1 Auswirkungen auf die Patienten

Die Teilnehmer schilderten als unmittelbare Auswirkung auf die Patienten eine Verschlechterung der Symptome. Die Patienten hätten verstärkt Angstgefühle, zögen sich zurück und verhielten sich bedingt durch mögliche Paranoia und Halluzinationen eigenwillig.

»Sonst war sie (Anm. Tochter) schon o.k., bloß die letzten zwei Monate, da habe ich schon gesehen, dass da nicht so was stimmt. Sie war da schon ein bisschen, da hat sie gesagt, sie hat Ängste. Angst.« Adalbert (30:17)

Ebenfalls legten sie durch einen veränderten Schlaf-Wach-Rhythmus, große Geldausgaben und Distanzlosigkeit ein selbstschädigendes, riskantes Verhalten an den Tag. Die Patienten wurden von den Teilnehmern als aggressiv und angespannt beschrieben.

»Und es hat auch Auseinandersetzungen gegeben, die Aggressivität ging ja auch von ihr aus.« Rose (28: 45)

Durch ihr verändertes Verhalten seien mittelbare Auswirkungen auf die Patienten festzustellen gewesen. Sie gefährdeten sich selbst, litten unter Beziehungslosigkeit und liefen Gefahr, ausgenutzt zu werden. Sie kämen in Konflikte mit dem Gesetz und stellten eine Gefahr für ihre Mitmenschen dar.

> *»Ich finde es schrecklich (...) eine Kripobeamtin hat auch gesagt, sie schätzt ihn (Anm. Sohn) als tickende Zeitbombe ein, und ich schätze ihn auch so ein. Und ich finde, er ist eine Gefahr für die Mitmenschen.« Inge (33:54)*

Die Angehörigen berichteten, dass das Umfeld durch die Patienten eingeschüchtert und verunsichert werde. Letztendlich hätte das Verhalten der Patienten zur Folge, dass es zu Zwangsmaßnamen komme.

3.2.4.2 Auswirkungen auf die Angehörigen

Im Vordergrund der wahrgenommenen Auswirkungen auf die befragten Angehörigen stand vor allem die Belastung.

> *»Als Mutter geht man da fast zugrunde.« Inge (33:98)*
>
> *»Also, ich, am Anfang war das für mich eher schwer oder krass, einfach.« Julia (31:1)*

Sie litten unter dem Kommunikationsverlust und der Entfremdung von den Patienten.

> *»Und diese Uneinsicht, die hat mich jetzt auch erschreckt, also ich komme eben gar nicht an ihn (Anm. Ehemann) ran.« Gisela (32:39)*

Bedingt durch das Phänomen ergaben sich Konflikte innerhalb der Familie. Diese Umstände führten zu einer Beeinträchtigung der Beziehung zu den Patienten.

> *»Wir hatten dann eine heftige Diskussion, also meine jetzige Frau mit der Großmutter natürlich. Und ich habe gesagt, ich will nicht, dass jetzt eine Konfrontation abläuft.« Peter (6:146)*

Das Phänomen löste starke Emotionen wie Sorge um den Patienten, Scham und Angst bei den betroffenen Angehörigen aus.

> *»Und wir uns da immer dann uns Sorgen machen müssen um sie (Anm. Mutter), wenn sie allein zu Hause ist, ob alles okay ist, wenn sie weg ist und nicht an ihr Handy hin geht.« Bernadette (7:30)*

Einige Befragte schilderten, dass sie sich angesichts der verweigernden Patienten hilflos und frustriert fühlten. Teilweise gingen diese Ohnmachtsgefühle so weit, dass sie jede Hoffnung auf Besserung der Situation verloren.

> *»Vor allem, weil wir ziemlich hilflos dem ganzen gegenüberstehen.« Rose (28:2)*

Dies führte bei den Angehörigen dazu, dass sie sich umso stärker eine Behandlung für den Patienten wünschten, beispielsweise in Form einer aufsuchenden Betreuung, einer gesetzlichen Unterbringung oder durch Zwangsmedikation.

3.2.4.3 Auswirkungen auf die behandelnden Ärzte

Die Angehörigen beschrieben, dass die behandelnden Ärzte durch das Phänomen ihrer Handlungsoptionen beraubt seien. Dadurch wirkten sie hilflos.

> *»Ähm, nicht unbedingt glaube ich, sie (Anm. Ärzte) können ja auch nicht mehr machen, sie können das anbieten, aber man kann das auch einige Male anbieten, aber wenn sie (Anm. Mutter) das immer ablehnt, kann man auch irgendwann nichts mehr machen.« Bernadette (7:38)*

3.2.5 Strategien der Angehörigen

Die Handlungsstrategien der Angehörigen lassen sich in folgende Unterkategorien unterteilen:

- Umgang mit sich selbst:
  - Anerkennen der eigenen Machtlosigkeit
  - Sich abgrenzen vom Patient
  - Mit der Belastung umgehen lernen
  - Unterstützung annehmen
- Umgang mit der Erkrankung:
  - Nach Gründen suchen
  - Sich informieren
- Umgang mit den Patienten im Allgemeinen, weiter untergliedert in:
  - Selbstständigkeit der Patienten anerkennen und fördern
  - Selbstständigkeit der Patienten aberkennen
- Professionelle Hilfe aufsuchen:
  - Ambulante ärztliche Betreuung aufsuchen
  - Klinikeinweisung
  - In der Klinik zwischen Arzt und Patient vermitteln

3.2.5.1 Umgang mit sich selbst

In dieser Unterkategorie wurde zusammengetragen, wie die befragten Angehörigen mit sich selbst umgingen.

Die Belastung der Angehörigen führte dazu, dass sie sich aktiv von den Patienten abgrenzten und so lernten, mit der Belastung umzugehen.

> *»Und da habe ich dann gesagt, nein, bis hierher und nicht weiter, für mich ist das so eine nervliche Belastung. Und wenn einer nicht will, dann muss er (Anm. Sohn) seinen eigenen Weg gehen.« Peter (6:151)*

Dies beinhalte auch das Annehmen von Unterstützung für sich selbst.

»Und dass sie (Anm. Mutter) dann Hilfe in Anspruch nehmen muss und dass dann auch ich Hilfe in Anspruch nehmen muss, also für sie, dass sie betreut wird.« Bernadette (7:66)

3.2.5.2 Umgang mit der Erkrankung

Die Angehörigen berichteten, dass sie Gründe für die Erkrankung suchten, im Umfeld des Patienten, in seiner Herkunftsfamilie, seiner Veranlagung oder auch im eigenen Verhalten.

»Ich suche überall Gründe, auch bei mir, vielleicht bin ich zu dominant, will mit ihm zu viel diskutieren oder reden und er kann das nicht oder verträgt das nicht.« Gisela (32:47)

Ebenfalls informierten sich die Teilnehmer in Büchern und anderen Medien über die Erkrankung.

»Gut, ich habe mir dann nachher ein Buch besorgt (...) Dort waren wichtige Hinweise drin über Krankheitsverläufe, wie Angehörige das bearbeiten sollen, wie sie damit umgehen sollen.« Peter (6:9)

3.2.5.3 Umgang mit den Patienten

Die Angehörigen gaben an, dass zu Beginn der Erkrankung der Umgang der Angehörigen mit den Patienten durch Empathie geprägt sei.

»Ich glaube, dann wird eher sie (Anm. Mutter) wütend, weil sie es nicht verstehen kann, wie wir das meinen, wie die Ärzte das meinen oder dass das eben gut gemeint ist.« Bernadette (7:80

Sie berichteten, dass sie versuchen würden, zwischen der Krankheit und deren Symptomen und dem Patienten als Mensch zu unterscheiden.

»Ich verstehe das Ganze schon als Krankheit. Ich weiß, wie sie (Anm. Schwester) vorher war. Sie ist ja jetzt nicht so wie sie normalerweise ist.« Rose (28:17)

Auch sei man im Umgang mit den Patienten vorsichtig und zurückhaltend.

»Man ist auf jeden Fall vorsichtiger was man sagt.« Bernadette (7:12)

Allen Angehörigen war gemein, dass sie die Patienten kontrollieren wollten. Beispielsweise sei dies durch das In-Erfahrung-Bringen des Aufenthaltsorts erfolgt. Die Angehörigen hinterfragten Aussagen der Patienten kritisch und stellten gegebenenfalls Nachforschungen über deren Wahrheitsgehalt an.

»Ich weiß auch nicht, wie ernst ich da ihre Aussage nehmen kann, die übertreibt da auch gerne.« Rose (28:44)

Die befragten Angehörigen berichteten, dass sie sich den Patienten gegenüber machtlos fühlten und diese nicht aufhalten könnten.

»Ich bin ja jetzt nicht. Ich weiß ja, wie's ist, ich habe ja probiert, sie (Anm. Schwester) aufzuhalten.« Rose (28:47)

Je länger die Erkrankung andauerte, desto höher war der Frustrationsgrad der Angehörigen und umso konfrontativer wurde der Umgang mit den Patienten.

»Nachdem er keinen Ausgang hat, ist er ja auch da, und dann werde ich ihm sagen, was ich von der ganzen Sache halte, von der Aktion halte, und er ändert sich jetzt, und wenn er sich nicht ändert, dann muss er seinen Weg gehen.« Peter (6:155)

Es seien Absprachen in der Familie getroffen worden, um mit den Patienten einheitlich umzugehen. Kam es zum Scheitern der gebotenen Unterstützung, seien teilweise auch rechtliche Schritte gegen den Patienten eingeleitet worden, beispielsweise eine Räumungsklage.

»Daraufhin bin ich zum Rechtsanwalt und habe ihm die (Anm. die Wohnung) kündigen lassen. Er (Anm. Sohn) hat das ignoriert (...) und dann ich habe gesagt, nein, ich will dich draußen haben, ich will dich nicht als Mieter (...) « Inge (33:27)

3.2.5.3.1 Selbstständigkeit der Patienten anerkennen und fördern

Die Angehörigen beschrieben Strategien, durch die sie sich eine Förderung der Selbstständigkeit der Patienten erhofften. Einige Befragte berichteten, dass sie versuchten, ihre erkrankten Angehörigen bestmöglich in der Behandlung zu unterstützen. Sie besuchten die Patienten, sprächen mit ihnen über Behandlungsmöglichkeiten und versuchten, Hoffnung zu vermitteln.

»Ich vertrage das anders, ich beruhige sie (Anm. Tochter). Ich komme auch immer hierher (Anm. in die stationäre psychiatrische Einrichtung).« Adalbert (30:24)

Wenn die Patienten beschlossen, keine Medikamente zu nehmen, beschrieben manche Angehörigen eine Strategie des Hoffens und Abwartens. Sie erhofften sich, dass mit Geduld und Zeit die Patienten sich selbst dafür entscheiden würden, wieder Medikamente zu nehmen.

»Na gut, ich kann mir nur wünschen, dass alles einen guten Verlauf nimmt, und hoffen und darauf vertrauen, dass irgendwann mal seine Einsicht kommt.« Peter (6:182)

Dies sollte auch durch individuelles Einwirken auf die Patienten erreicht werden.

»(...) versuche ich sie (Anm. Mutter) dann eher zu überreden, sozusagen, sie nicht zu überreden, sondern ihr das schmackhaft zu machen.« Julia (31:20)

Hierfür erkläre man den Betroffenen auch die vorgeschlagenen Maßnahmen, sodass sie eine eigenständige Entscheidungen besser treffen könnten. Die eigene Entscheidungen der Patienten zu respektieren, sei eine weitere Strategie, um die Selbstständigkeit des Patienten zu fördern.

»Er (Anm. Ehemann) sagt, er geht nie wieder nach [psychiatrische Einrichtung] (...) Ich habe ihm den Vorschlag gemacht, wenn es ihm schlecht geht, wenn er meint, dass alle gegen ihn sind, seine Eltern wohnen weiter weg, dass er dann zu seinen Eltern geht.« Gisela (33:18)

Für viele Angehörige stand auch die finanzielle Unterstützung der Patienten im Vordergrund, die ihnen mehr Selbstständigkeit ermögliche.

3.2.5.3.2 Selbstständigkeit der Patienten aberkennen

Einige Angehörige nannten Strategien, die auf der Annahme beruhten, die Patienten wären nicht in der Lage, für sich selbst vernünftig zu entscheiden. Dazu gehörten das Aufstellen von Regeln oder das Erlangen der Kontrolle über die Patienten, beispielsweise durch die Beschränkung der finanziellen Mittel oder die erzwungene Einnahme von Medikamenten.

»Ja, sie weiß, was sie hat, und ich habe auch zu ihr gesagt, sie bekommt auf den Tag immer fünf Euro, weil die verteilt das Geld.« Adalbert (30:37)

»Dann um halb fünf habe ich ihm die Tabletten gegeben, bin in die Küche mit ihm, habe sie rausgemacht und habe gesagt, du musst die nehmen, habe ein Glas Wasser danebengestellt.« Peter (6:143)

Die Angehörigen versuchten auch, die Patienten durch Gespräche von einer Medikamenteneinnahme zu überzeugen. Dies implizierte, dass die Angehörigen annahmen, sie wüssten besser, was gut für die Patienten sei. Sie versuchten, die Patienten erneut einer Behandlung zuzuführen.

»Ich habe ihm eben vorgeschlagen, er solle eine Therapie machen und er soll sich doch wieder bitte medikamentös behandeln lassen und soll eventuell in ein betreutes Wohnen gehen, dass das Beste für ihn wäre.« Inge (33:24)

Die Angehörigen versuchten dies, indem sie die Medikamenteneinnahme mit Sanktionsandrohungen verknüpften.

»[Wohnen bei Angehörigen] gibt's nicht, ist nicht, es gibt nur den einen Weg in die Klinik, die Medikamentierung, wenn du dem zustimmst, dann setze ich dich jetzt ins Auto und bringe dich dorthin.« Peter (6:137)

Eine Teilnehmerin berichtete, die Rolle der erkrankten Mutter zu übernehmen und sich ihr gegenüber wie eine Mutter zu verhalten. Dadurch würde die Patientin in eine untergeordnete Position versetzt.

»Aber man muss irgendwie auch, gerade bei uns ist es so, dass ich eben oft Mama spielen muss für sie, dass da die Mutter-Kind-Rolle einfach verwechselt ist.« Bernadette (7:46)

Gleiches geschah durch den Wunsch der Befragten, die erkrankte Angehörige zu beschützen, da diese nicht mehr selbst dazu in der Lage schien.

Ein weiterer wichtiger Punkt, der die Angehörigen beschäftigte, war die Abklärung der Zukunft der Patienten. Sie schilderten große Besorgnis und versuchten, für die Patienten einen Plan zu entwickeln.

»Ich glaube, das Studium im Moment ist das Falscheste für sie. Ja, auch so Arbeitstherapie finde ich ganz gut, auch mit Ausbildung. Da wird wirklich einiges angeboten.« Rose (28:35)

3.2.5.4 Professionelle Hilfe aufsuchen

Hier wurden Handlungsstrategien gesammelt, in denen Angehörige beschrieben, wie und wann sie im Umgang mit dem Phänomen professionelle Hilfe aufsuchten. Die Befragten beschrieben verschiedene Eskalationsstufen. Falls der Patient einen Krankheitsrückfall erleide oder die Medikamenteneinnahme verweigere, werde zuerst der behandelnde Arzt um Hilfe gebeten.

> *»Und habe gefragt, ob er (Anm. Arzt) privat bereit wäre, mit uns, meinem Sohn zu dritt das noch mal zu erklären, die Medikamentierung.«* Peter (6:115)

Die Angehörigen beschrieben eine bevorzugt ambulante Klärung des Phänomens.

> *»Aber davor, wir haben erst probiert, es ambulant zu klären.«* Rose (28:5)

Als letzter Ausweg gelte dann die Einweisung in eine Klinik.

> *»Nachher habe ich in [psychiatrische Einrichtung] angerufen und habe gesagt, mein Sohn kommt wieder, er scheint wieder einen Schub zu haben (...) ich möchte ihn jetzt in die Klinik bringen, welche Möglichkeiten gibt es.«* Peter (6:123)

Befanden sich die Patienten dann in einer psychiatrischen Einrichtung, sahen sich die Angehörigen in der Vermittlerrolle zwischen den Patienten und den Ärzten.

> *»Aber ich versuche dann auch, so vermittelnde Sachen (...) wo sie dann selber noch nicht der Ärztin gesagt hat, dann frage ich sie halt, warum (...) Und dann erkläre ich halt den Ärzten oder Pflegern, warum sie so und so handelt.«* Julia (31:25)

Wünschten die Patienten keinen Einbezug von Ärzten, kam es zur Suche nach Alternativen zu einem Klinikaufenthalt.

3.2.6 Intervenierende Bedingungen der Angehörigen

In diesem Absatz geht es um die Faktoren, die die Angehörigen in der Wahl der oben genannten Handlungsstrategien beeinflussten. Dazu gehören:

- Akzeptanz einer Behandlung
- Vertrauen in ärztliche Kompetenz
- Einweisung/Unterbringung
- Emotionen
- Familie und Beziehung
- Krankheits- und Genesungskonzepte
- Einstellungen zu Medikamenten
- Ökonomische Ressourcen
- Stationsklima
- Vorerfahrung mit der Erkrankung

3.2.6.1 Akzeptanz einer Behandlung

Die Angehörigen wandten sich an professionelle Hilfe, wenn sie an den Nutzen einer Behandlung glaubten. War die Behandlung jedoch enttäuschend, beeinflusste dies zukünftiges Handeln.

Die Einstellung zur Behandlung wurde durch Unsicherheit geprägt. Die Befragten schilderten, dass sie große Zweifel hätten, ob die Patienten eine angemessene Behandlung bekämen. Sie fühlten sich verunsichert und wünschten sich eine Klärung der Situation.

> *»Aber durch das, dass es eine neue Situation war, ist es oft auch schwierig, das Beste für ihn herauszufinden. Sie haben da keinen Leitfaden.«* Peter (6:47)

Ein Angehöriger beklagte, dass er nicht genügend Informationen über die Behandlung bekomme.

> *»Aber, dass das so eilig ist – ich sage mal – so was sollte man im Vorfeld schon abklären, dass so was sein könnte.«* Antonio (29:64)

Einige die Befragten schilderten, sie verbänden mit der Behandlung eine Hoffnung auf eine Besserung und Veränderung der Situation des Patienten.

> *»Gut, jetzt ist es so weit gekommen, aber das ist für mich auch eine Hoffnung. Gut, o.k., dass wenn man das gleich behandelt, dass es auch gleich wieder aufwärtsgehen kann.«* Antonio (29:67)

3.2.6.2 Vertrauen in ärztliche Kompetenz

Die Beziehung zu den behandelnden Ärzten wurde davon beeinflusst, ob ihnen durch die Angehörigen Vertrauen entgegengebracht wurde. Wenn die Angehörigen den behandelnden Ärzten vertrauten, akzeptierten sie deren Therapieentscheidungen.

> *»Ja ich denke schon, manchmal wissen die Ärzte besser wahrscheinlich, was für sie gut ist oder auch was für uns zu Hause gut ist.«* Bernadette (7:73)

Ein Angehöriger berichtete, dass er Zwangsmaßnahmen nur mit der Zustimmung von Angehörigen befürworte.

> *»Aber ich würde sagen, auch nur mit Einbindung vom Partner.«* Antonio (29:56)

3.2.6.3 Einweisung/Unterbringung

Alle Angehörigen gaben an, eine Unterbringung gegen den Willen der Patienten könne gerechtfertigt sein, wenn diese sich selbst- oder fremdgefährdend verhielten.

> *»Wo er das erste Mal eingewiesen wurde, als er Andeutungen machte, er würde sich selber das Leben nehmen (...) das hat uns eigentlich zum Anlass gegeben, da müssen wir jetzt agieren und handeln.«* Peter (6:5)

Von einem solchen Aufenthalt erwarteten sich die Befragten Hilfe für die Patienten, damit diese aus dem Phänomen heraustreten können.

»Aber ich weiß, dass es für sie besser wäre, wenn sie die Hilfe in Anspruch nehmen würde und wenn sie da mehr mitarbeiten würde und da nicht total auf stur stellen würde, wie sie das eben tut, weil es ihr nicht hilft (...)« Bernadette (7:27)

Jedoch könnten oder wollten nicht alle Angehörigen die Verantwortung für eine Einweisung übernehmen.

»Ob ich sie wirklich hierher gebracht hätte, weiß ich nicht.« Rose (28:53)

3.2.6.4 Emotionen

Die Angehörigen beschrieben, dass sie sich teilweise mitschuldig für die Erkrankung der Patienten fühlten oder das Gefühl hatten, sie hätten zu spät reagiert.

»Hätte ich das gewusst gehabt, dann wären wir egal zu wem, zu irgendeinem gegangen.« Antonio (29:63)

Die Behandlungsverweigerung konnte Ärger auslösen und die Beziehung zu den Patienten negativ beeinflussen. Ein Befragter gab an, dass er sich für seinen Sohn geschämt habe, als dieser sich aufgrund der Symptome unangebracht verhalten habe. Die Wahl der Handlungsstrategien war von Ratlosigkeit und der Frage, was zu tun sei, beeinflusst.

»Also, ich habe keine Ahnung, wie es weitergeht.« Gisela (32:33)

3.2.6.5 Familie und Beziehung

Die Art der Familienbeziehung beeinflusste die Wahl der Handlungsstrategien. Waren die Patienten in einer abhängigen Rolle, wie etwa Kinder oder jüngere Geschwister, sahen die Angehörigen sich in der Lage, zu wissen, was gut für die Patienten sei. Standen die Angehörigen wiederum in einem Abhängigkeitsverhältnis zu den Patienten, z. B. als Tochter oder Lebenspartner, war der Umgang mit den Patienten vorsichtiger und weniger bestimmend.

Die Teilnehmer berichteten, dass sie sehr darum bemüht seien, dass die Patienten sich ein selbstständiges Leben ohne Abhängigkeit von der Familie ermöglichen könnten.

»Wo er aber auch sein eigenes Einkommen verdienen kann, kein Thema. Und das hatte ich ihm auch immer gesagt. Und gesagt, für dein Grundeinkommen musst du selber Sorge tragen.« Peter (6:76)

Waren die Patienten beleidigend gegenüber den Angehörigen, verletze sie dies und erschwere einen normalen Umgang.

»Zu mir hat er (Anm. Sohn) ja wortwörtlich gesagt, es wird Zeit, dass du bald verreckst. Ja, und zum Vater hat er (Anm. Sohn) gesagt, bei dir wird es auch mal Zeit, dass du dir einen Strick nimmst und dich aufhängst. Und er hat mich

auch übelst beleidigt (...) und solche unterste Schublade muss ich mir als Mutter geben.« Inge (33:99)

Oft seien die Patienten im Gespräch schwer erreichbar oder empfindlich gegenüber Kritik gewesen. Auch schilderten die Angehörigen, dass die Patienten unter großen Ängsten litten und einen schwierigen familiären Hintergrund besäßen. Dadurch gestalte sich der Umgang mit ihnen schwierig.

Andere Teilnehmer schilderten, dass die Familie zusammenhalte und die Patienten gemeinsam unterstütze.

»Aber sie weiß auch, dass wir immer für sie da sind.« Rose (28:23)

Der Zusammenhalt und die Unterstützung seien gefährdet, wenn die Angehörigen selbst krank sind oder noch andere Familienangehörige unter einer Erkrankung leiden.

»Ich bin selber chronisch krank, ich habe selber Probleme.« Gisela (32:29)

Die Angehörigen fühlten sich für die Patienten verantwortlich und wollten sie beschützen.

»Als Vater hat man natürlich noch immer ein anderes Verantwortungsbewusstsein.« Peter (6:73)

Einige Angehörige berichteten, die Beziehung innerhalb der Familie sei von Verständnis für die Patienten geprägt. Sie erzählten, dass sie den Patienten vertrauten, jedoch sprachen sie auch von gelegentlichem Misstrauen. Die Befragten beschrieben den Wunsch nach einer Normalisierung der Beziehung.

3.2.6.6 Krankheits- und Genesungskonzepte

In dieser Unterkategorie wurden die Theorien der Angehörigen zur Entstehung der Krankheit und der Genesung gesammelt. Diese hatten Einfluss auf die Wahl der Handlungsstrategien.

Einige Befragte sahen zu wenig Gespräche und zu viel Stress als Auslöser der Erkrankung an. Hielten die Angehörigen ein biologisches Ungleichgewicht der Neurotransmitter für die Ursache, sahen sie sich in der Pflicht, die Medikamenteneinnahme sicherzustellen, notfalls heimlich oder durch Zwang.

»Ohne Medikamente funktioniert ihr Leben nicht.« Adalbert (30:29)

Ebenso führe die Krankheit dazu, dass man manische Patienten kaum aufhalten könne. Somit sei eine unfreiwillige Unterbringung zum Schutz und zur Entlastung der Angehörigen angebracht.

Ein wichtiger Faktor sei Zeit. Es dürfe nicht zu lange mit der Behandlung abgewartet werden, da die Gefahr der Chronifizierung bestünde.

»Unbehandelt wird es chronisch, das heißt, die Uhr tickt, die läuft gegen ihn.« Peter (6:172)

Zum anderen müsse man den Patienten die Gelegenheit geben, selbst zu entscheiden, ob sie eine Therapie in Anspruche nehmen wollen.

Um die Erkrankung behandeln zu können, müsse man die Probleme, also den Auslöser für die Erkrankung suchen. Als Teil der Erkrankung sahen einige Angehörigen eine Wesensveränderung des Patienten an.

»Vielleicht vertraut er mir auch, aber durch diese Krankheit bin ich im Endeffekt auch sein Feind, manchmal, in Phasen, in denen er es nicht einsieht.« Gisela (32:26)

Diese Angehörigen schienen mehr Geduld und Verständnis für den Patienten aufzubringen und sahen sich umso mehr gefordert, einen anderen Umgang mit der Erkrankung zu finden, z. B. Alternativen zu einem Klinikaufenthalt.

3.2.6.7 Einstellungen zu Medikamenten

In dieser Unterkategorie wurden Einstellungen der Angehörigen zur Medikamenteneinnahme gesammelt. Zum einen würden Medikamente nützen, weil sie die Patienten beruhigten und stabilisierten.

»Also, wenn sie (Anm. Schwester) damit stabil ist, habe ich damit keine Bedenken.« Rose (28:37)

Zum anderen schilderten die Angehörigen Nebenwirkungen der Medikamente wie Benommenheit, verschlechterte Konzentration oder vermehrten Speichelfluss. Die Befragten äußerten Zweifel, ob die Dosierung richtig sei.

»Nur was sie für eine Dosis jetzt hat, ob die zu stark ist. Ich weiß es nicht.« Adalbert (28:30)

Sie zweifelten zudem die Wirkung der verabreichten Medikamente an.

Je nach geschilderter Einstellung unterstützten die Angehörigen die Nichteinnahme der Medikamente, wollten sie den Patienten durch gutes Zureden von der Einnahme überzeugen oder sprachen sich für eine Zwangsmedikation aus.

3.2.6.8 Ökonomische Ressourcen

Ökonomische Ressourcen beeinflussten das Verhalten der Angehörigen. Ob Druck ausgeübt werden konnte, wie viel Unterstützung gewährt wurde und wie viele Ängste um die Zukunft des Patienten vorhanden waren, war abhängig vom Einkommen der Angehörigen. Schilderten die Angehörigen die finanziellen Mittel und ihre Möglichkeiten, die Patienten zu unterstützen, als begrenzt, löste dies große Besorgnis aus.

»Ich habe nur ein ganz kleines Einkommen (...) Nachher steht seine Wohnung leer und in Berlin soll ich auch noch eine Wohnung finanzieren, wie soll ich das machen.« Inge (33:29)

Die Befragten nahmen die materielle Abhängigkeit der Patienten wahr. Oft würden Patienten sie um Geld bitten oder hätten kein geregeltes Einkommen. Somit könnte man auch Anreize zur Beendigung des Phänomens schaffen.

»Da braucht er (Anm. Sohn) ein Macbook, das kostet 900,- Euro, das braucht er. Und dann noch einen Controller dazu für 1.500,- Euro, das würde er sich jetzt wünschen zum Geburtstag nächste Woche.« Peter (6:177)

3.2.6.9 Stationsklima

Der Aufenthalt in einer stationären psychiatrischen Einrichtung war maßgeblich durch das Stationsklima beeinflusst. Dieses entschied mit darüber, ob sich die Angehörigen an professionelle Helfer wandten, welche Behandlung sie für richtig und akzeptabel hielten und ob sie glaubten, der Patient solle einer Behandlung zugeführt werden.

Den Teilnehmern fiel die Arbeitsüberlastung der Mitarbeiter auf. Den ärztlichen und pflegerischen Mitarbeitern wurde Verständnis entgegengebracht, wenn die befragten Angehörigen eine schwierige Arbeitsatmosphäre wahrnahmen.

»Klar, dass da viele dahinterstecken und die Ärzte ewig viel zu tun haben und Pfleger und alles, das ist mir klar.« Julia (31:46)

Der Umgang mit Angehörigen gestalte sich schwierig, wenn sie beispielsweise Fragen an die Mitarbeiter hätten. Oft würden Abläufe lange dauern oder die Mitarbeiter seien zu beschäftigt, um sich um die Angehörigen zu kümmern. Sie fühlten sich dadurch vernachlässigt.

»Dann habe ich natürlich gleich probiert den [behandelnden Arzt] anzurufen, bin nicht durch gekommen, habe den Pfleger angerufen, habe gesagt, es ist ganz wichtig (...) dann war es nach sechs, dann hat immer noch niemand angerufen gehabt und dann war ich sauer natürlich, habe wieder angerufen (...)« Peter (6:123)

Eine Teilnehmerin berichtete, dass sie von aggressiven Mitpatienten beschimpft worden sei, als sie ihre Schwester besuchte. Die Patienten würden unter solchen Mitpatienten leiden.

»Aber wenn dann, sage ich mal, andere Patienten kommen und sie blöd anmachen. Das ist dann schon harter Tobak.« Antonio (29:53)

3.2.6.10 Vorerfahrungen mit der Erkrankung

Die im Vorfeld gesammelten Erfahrungen mit der Erkrankung der Patienten beeinflusste den Umgang mit dem Phänomen. Eine Angehörige verglich die aktuelle Schwere der Erkrankung mit einem vorigen Krankheitsschub.

»Sie hatte einen ähnlichen Schub schon einmal vor einem Jahr, aber der war lange nicht so ausgeprägt wie der jetzt.« Rose (28:20)

Ein Angehöriger erzählte, dass die Symptome ähnlich zu der vorigen Psychose seien und die Patientin diesmal länger brauche, bis ihr Zustand gebessert sei. Er gab an, dass die Betreuung seiner Partnerin beim letzten Aufenthalt besser gewesen sei.

Die Dauer der Erkrankung modifizierte auch den Umgang damit. Je länger der Angehörige schon krank war, umso größer nahmen die Teilnehmer die Belastung wahr.

»Das ist so eine Belastung für uns, weil das sind schon etliche Jahre.« Adalbert (30:1)

3.2.7 Konsequenzen aus den Strategien

In dieser Kategorie wurden die Aussagen der Teilnehmer über die Auswirkungen ihrer gewählten Strategien gesammelt. Dazu gehören:
- Professionelle Hilfe aufsuchen
- Patienten kontrollieren
- Patienten überreden
- Patienten unterstützen/beschützen

3.2.7.1 Auswirkungen der Strategie »Professionelle Hilfe aufsuchen«

Eine Einweisung des Patienten empfanden die Angehörigen als Erleichterung. Sie berichteten, dass die Patienten nun behütet und in guten Händen und sie selbst dadurch entlastet seien.

»Ich persönlich bin ganz froh, dass sie hier jetzt erst mal aufgehoben ist.« Rose (28:6)

Wurde der Patient wegen unzureichender Rückhaltungsgründe entlassen, löste dies Sorge und Ängste um das Wohlbefinden des Patienten aus.

»Dann habe ich gesagt, wer trägt die Verantwortung, wenn jetzt wirklich in den nächsten paar Tagen was passieren sollte.« Peter (6:91)

Einige der Teilnehmer erlebten Zurückweisungen durch die behandelnden Ärzte. So hätten diese sich am Telefon verleugnen lassen oder auf Anrufe nicht reagiert.

3.2.7.2 Auswirkungen der Strategie »Patienten kontrollieren«

Entschlossen sich die Angehörigen dazu, die Patienten zu kontrollieren, führte dies unter Umständen dazu, dass die Patienten das Vertrauen verloren. Sie fühlten sich ausspioniert und die Beziehung zu den Familienangehörigen habe sich verschlechtert.

»Denkt sie (Anm. Mutter) halt oft, wir wollen ihr hinterherspionieren oder wir wollen da irgendwie schauen, was sie macht oder so.« Bernadette (7:71)

Ein Angehöriger erzählte, dass er versucht habe, die Einnahme der Medikamente zu überwachen. Als er dann aus dem Raum ging, habe sein Sohn die Tabletten weggeworfen. Der gemeinsame Entschluss der Familie, für den Patienten Regeln aufzustellen, habe dazu geführt, dass er sich stationär behandeln lassen habe. Dies wertete der Angehörige als Erfolg.

3.2.7.3 Auswirkungen der Strategie »Patienten überreden«

Die Angehörigen schilderten unterschiedliche Reaktionen der Patienten auf ihren Versuch, sie von einer Behandlung zu überzeugen. Ein Angehöriger erzählte, dass sich sein Sohn nach Gesprächen dazu entschlossen habe, in die Klinik zu gehen.

> *»Mit Gesprächen mit ihr (Anm. Mitpatientin) und auch mit seiner Mutter kam er zu der Erkenntnis, eigentlich gibt es jetzt nichts mehr. Es gibt nur noch den Weg der Behandlung.«* Peter (6:130)

Eine andere Angehörige berichtete hingegen, nach einem Versuch, ihren Sohn zur Therapie zu bewegen, sei sie von ihm beschimpft und beleidigt worden.

> *»Und auf diesen Brief hin hat er so unverschämt reagiert, er mich betitelt und beleidigt und niedergemacht ohne Ende.«* Inge (33:25)

3.2.7.4 Auswirkungen der Strategie »Patienten unterstützen/beschützen«

In dieser Unterkategorie wurden die Auswirkungen gesammelt, die durch das Bemühen entstanden, die Patienten zu unterstützen oder zu beschützen.

Die Patienten würden auf diese Unterstützungsangebote teilweise mit Ablehnung reagieren. Dies war auch der Fall, sobald die Angehörigen versuchten, die Patienten zu beschützen.

> *»Er lehnt alles ab. Er lehnt wirklich alles ab.«* Inge (33:56)

Eine Angehörige berichtete, dass sie im Haushalt die Rolle ihrer Mutter übernommen habe. Dies sei eine große Belastung für sie und ihre eigenen Bedürfnisse kämen zu kurz.

> *»Weil das zehrt sehr an den Nerven und, ähm, auch wenn ich zu Hause alleine mit meinem Bruder bin, muss ich den ganzen Haushalt machen und alles und nach dem Geld schauen (...)«* Bernadette (7:67)

Eine andere Angehörige berichtete positive Folgen: Sie versuche, ihre Mutter zu unterstützen, indem sie zwischen ihr und dem medizinischen Personal vermittle. Dies habe zur Folge, dass die Mitarbeiter ihre Mutter besser verstünden und deren Verhalten eher nachvollziehen könnten.

> *»Das habe ich dann der Pflegerin gesagt, damit sie weiß, warum eine Mutter vielleicht so reagiert in der und der Situation. Und dann hat die Pflegerin auch gleich gesagt, okay, das ergibt dann ein Bild.«* Julia (31:7)

3.2.8 Wahrnehmung der anderen Gruppen aus Sicht der Angehörigen

In diesem Abschnitt soll darauf eingegangen werden, wie Angehörige die Rolle der Patienten sowie des ärztlichen und pflegerischen Personals sahen.

3.2.8.1 Patienten

3.2.8.1.1 Strategien

Die Angehörigen beschrieben bei den Patienten unterschiedliche Handlungsstrategien:

- »Kooperative« Strategien
- »Unkooperative« Strategien

Als kooperativ bewerteten es die Angehörigen, wenn Patienten sich freiwillig in eine stationäre Behandlung begaben, Medikamente freiwillig einnahmen und eine Vorsorgevollmacht für den Angehörigen ausstellten.

> *»Dass sie dann freiwillig hergekommen ist, das war eigentlich für uns ganz gut.« Rose (28:52)*

Als »unkooperative« Handlungsstrategie beschrieb eine Angehörige, dass ihr Sohn alles verweigere und sogar vor Gericht gegangen sei, um entlassen zu werden.

> *»Er (Anm. Sohn) ist hochintelligent, das kommt dazu. Er ist gleich zum Richter und hat gegen diesen Aufenthalt protestiert und ist auch vor Gericht zumindest nach fünf Wochen entlassen worden.« Inge (33:4)*

Die Teilnehmer berichteten, dass die Patienten selbst über ihr Leben entscheiden wollten.

> *»Sie (Anm. Mutter) möchte da lieber alles alleine regeln und versucht das zu machen.« Bernadette (7:58)*

Ein anderer Angehöriger erzählte, sein Sohn würde die Medikamente nur in Anwesenheit von Dritten nehmen, sie aber nicht schlucken und danach im Mülleimer entsorgen. Auch sei es aufgrund von Spannungen während des stationären Aufenthalts zu Behandlungsabbrüchen gekommen. Sein Sohn habe randaliert und sei dann fixiert und medikamentös zwangsbehandelt worden.

> *»Dann hätte er (Anm. Sohn) das Randalieren angefangen, mit dem Stuhl rumgeschmissen und dann hätten sie ihn erst fixiert und dann eine Spritze, praktisch Beruhigungsmittel verabreicht.« Peter (6:107)*

Eine andere Angehörige gab an, dass sich die Patientin ihrer Kontrolle entziehe, indem sie nicht erzähle, wohin sie gehe oder wo sie sei.

3.2.8.1.2 Intervenierende Bedingungen

Folgende Faktoren hatten nach Angaben der Angehörigen einen Einfluss auf die Handlungsstrategien:

- Behandlungsbereitschaft
- Persönlichkeit des Patienten
- Beziehung zwischen Angehörigen und Patient

Eine Angehörige berichtete, ihre Mutter sei nicht offen gegenüber einer Behandlung und lehne diese ab. Solange dies der Fall sei, würde sich auch an der Krankheitseinsicht nichts ändern.

> *»Aber so lange sie (Anm. Mutter) da nicht mitmacht und nicht einwilligt und mit sich reden lässt, wird sich da, glaube ich, nicht viel ändern und auch von ihrem Krankheitsstadium nichts ändern.« Bernadette (7:82)*

Wenn die Patienten in der Krankheit einen Vorteil sähen, wären sie weniger bereit, zu kooperieren. Die Behandlungsbereitschaft sei auch maßgeblich durch das Verhältnis zum behandelnden Arzt beeinflusst. Um eine Behandlung erfolgreich zu gestalten und eine Therapietreue des Patienten zu ermöglichen, stelle Vertrauen eine wichtige Grundlage dar.

> *»Und hier letztens vor drei oder vier Jahren, da hatte sie [Arzt]. Mit ihm, da ging es ihr (Anm. Tochter) so viel besser. Zu dem Arzt hatte sie so Vertrauen, dass sie, weiß ich.« Adalbert (30:15)*

Vertrauen entstehe durch individuelles Eingehen auf die Patienten sowie durch die Kenntnis der Biografie und Krankheitsgeschichte. Misstrauen entstehe, wenn die Patienten das Gefühl hätten, der Arzt kümmerte sich nicht und gäbe unzureichend Informationen an die Patienten weiter.

Welche Erfahrungen die Patienten im Vorfeld mit Behandlungen und stationären Aufenthalten machten, beeinflusse ebenfalls die Behandlungsbereitschaft. Die Angehörigen berichteten, dass die Patienten nach negativen Erfahrungen wie Vertrauensbrüchen oder Zwangsmaßnahmen zögerten, sich erneut behandeln zu lassen.

> *»Also, sie hatte ja als Kind Epilepsie und dann war sie auch schon in vielen Kliniken, ambulanten Diensten, und da hat sie auch, quasi, schon viele schlechte Dinge mitgemacht.« Julia (31:13)*

Als eine weitere einflussnehmende Variable auf die Handlungsstrategien der Patienten wurde ihre Persönlichkeit beschrieben. Die Teilnehmer stellten heraus, dass sich die Bereitschaft zur Verweigerung auch dadurch ergebe, dass ihre erkrankten Angehörigen zurückhaltend seien und deswegen nicht auf die behandelnden Ärzte zugingen.

> *»Er (Anm. Partner) kann auch nicht reden (...), wenn ein Problem auftritt oder irgendwas ist, er kann nicht darüber reden, er blockt dann ab, läuft weg.« Gisela (32:27)*

Einige Teilnehmer berichten, dass die Patienten über eine gute Fassade verfügten und so die Ärzte überzeugen könnten, gesund zu sein.

»Und sie (Anm. Tochter) ist wegen dem schwer zu therapieren. Die redet so gut auf die Ärzte ein, der Arzt denkt, die ist gesund.« Adalbert (30:7)

Vertrauen, Misstrauen und Ablehnung beeinflusste die Beziehung zwischen Angehörigen und Patienten. Vertrauten die Patienten den Angehörigen, könne man über belastende Momente wie Zwangsmaßnahmen oder die Aushändigung einer Vorsorgevollmacht reden. Misstrauten die Patienten ihren Angehörigen, dann wollten sie nicht, dass diese länger mit den Ärzten sprachen, wohl aus Sorge, es könnte etwas über ihren Kopf hinweg entschieden werden.

»Vorher hat sie mich so hingestellt, als würde ich mit der Ärztin über ihren Kopf entscheiden, weil ich da noch länger da war und ich mit ihr gesprochen habe. Und das wollte sie dann schon mal gar nicht, weil die dann glaubt, man entscheidet über ihren Kopf, obwohl ich das ja nicht tue.« Bernadette (7:78)

Einige Angehörige fühlten sich von den Patienten komplett abgelehnt.

3.2.8.1.3 Konsequenzen aus den gewählten Strategien

Als Auswirkung der Handlungsstrategien der Patienten auf die Angehörigen beschrieb ein Teilnehmer, er sei enttäuscht, dass der Patient versucht habe, ihn zu täuschen.

»Für mich war es komplett enttäuschend, so was von enttäuschend.« Peter (6:148)

Der Angehörige vermutete, dass sein Sohn die Krankheit nutze, um nicht arbeiten zu müssen. Wenn sein Sohn sich mit ihm treffen wolle, dann nur, um materielle Bedürfnisse anzusprechen.

»Er (Anm. Sohn) nutzt seine Krankheit, um sich durch das Leben zu schummeln ohne Arbeit, ohne alles.« Peter (6:150)

3.2.8.2 Ärztliche Mitarbeiter und Gesundheits- und Krankenpflegepersonal

3.2.8.2.1 Strategien

Die Angehörigen beschrieben verschiedene Strategien der Ärzte und des Pflegepersonals, um die Verweigerung des Patienten zu überwinden:

- Patienten überreden
- Druck/Zwangsmaßnahmen
- Patient unbehandelt lassen/entlassen
- Einbezug Angehöriger

Die Angehörigen berichteten, die Ärzte hätten angegeben, dass sie die Patienten nicht medikamentös zwangsbehandeln dürften.

»Er (Anm. der behandelnde Arzt) hat auch gesagt, leider ist die Gesetzgebung so, dass wir nicht gegen den Willen Ihres Sohnes medikamentieren dürfen.« Peter (6:86)

Ärzte hätten Patienten entlassen, wenn diese die Medikamente verweigerten und keine Rückhaltegründe bestanden hätten.

»Es hilft nichts anderes anscheinend, wie das Haldol und das Tavor, die ersten vierzehn Tage. Und da er ja nicht bereit war, diese zu nehmen, haben sie ihn wieder laufen lassen.« Inge (33:19)

Die Angehörigen beschrieben den Umgang der Ärzte mit Angehörigen und Patienten unterschiedlich. Zum einen hätten die Ärzte Informationen und Tipps gegeben, zum anderen sei deren Engagement auch in manchen Fällen zu gering.

»Aber ich sage, klar die hilfsbedürftige Person, aber es gibt noch Leute, die im Hintergrund stehen (...) die werden halt einfach sich selber überlassen.« Antonio (29:37)

3.2.8.2.2 Intervenierende Bedingungen

Die Teilnehmer berichteten, dass die ärztlichen Mitarbeiter sich aufgrund der gesetzlichen Lage und angesichts des Phänomens hilflos fühlten.

»Aber die Gespräche mit den Ärzten, ich habe das eigentlich selber gespürt, die sind selber hilflos.« Peter (6:87)

Die Ärzte würden betonen, dass sie aufgrund der rechtlichen Lage keine Handhabe hätten und praktisch nichts tun könnten.

3.2.8.2.3 Konsequenzen aus den gewählten Strategien

In dieser Kategorie wurden Aussagen der Angehörigen zu den erlebten Konsequenzen des Umgangs des ärztlichen Personals mit ihnen und den Patienten gesammelt. Außerdem werden die Auswirkungen durchgeführter Zwangsmaßnahmen aus Sicht der Angehörigen betrachtet. Ein Angehöriger berichtete, dass er sich durch den geringen Einbezug in die Behandlung seitens der Ärzte hilflos fühle und enttäuscht sei. Er bekäme zu wenig Informationen, würde nicht ausreichend aufgeklärt und zweifle an der Qualität der Behandlung.

»Nee, mein Gott, ein bisschen Aufklärung einfach. Wie man helfen kann oder wie man das machen kann.« Antonio (29:35)

Ein anderer Angehöriger sagte, habe sich nach einem Gespräch mit dem Arzt und dem Erhalt von Informationen erleichtert gefühlt.

»Das erste Gespräch mit [behandelndem Arzt], der ist jetzt ja hier, hat mir sehr gut getan.« Peter (6:84)

Laut einigen Angehörigen erhielten die Patienten nicht genug Aufklärung über Medikamente und Behandlungsmaßnahmen.

»(...) ich finde es nicht gut, dass man ihr nicht erklärt, warum sie jetzt wirklich welche Tabletten bekommt. Bei manchen Sachen weiß sie das, aber bei manchen

Sachen weiß sie das gar nicht. Genau, die muss sie halt nehmen und das ist so. Da fände ich es besser, wenn man sie da mehr mitarbeiten lässt, mitarbeiten ist falsch – sie mehr aufklärt.« Julia (31:11)

Zwangsmaßnahmen könnten kurzfristig helfen (z. B. Beruhigung nach einem Suizidversuch), hätten aber auch nicht die erwünschten Auswirkungen auf die Einsichtsfähigkeit oder sogar negative Auswirkungen auf die Patienten, berichteten die Angehörigen. Patienten würden diese als traumatisierend empfinden und weigerten sich danach, wieder Medikamente einzunehmen oder sich erneut in eine stationäre psychiatrische Einrichtung zu begeben.

»Das war für ihn ein total einschneidendes Erlebnis und wir konnten ihn dann in den zwei Wochen, in denen er festgesetzt war, nicht dazu bewegen, Medikamente zu nehmen.« Peter (6:108)

»Ja, erst fand's sie's (Anm. Schwester) ganz schlimm, dass sie da war (Anm. im stationärer Aufenthalt). Sie wurde ja auch fixiert zwischenzeitlich, das fand sie schlimm.« Rose (28:43)

3.3 Gruppe Gesundheits- und Krankenpflegepersonal

Aus der Gruppe des Gesundheits- und Krankenpflegepersonals (GK) konnten insgesamt 7 Teilnehmer für die Untersuchung gewonnen und eingeschlossen werden.

3.3.1 Beschreibung des Phänomens

Die Teilnehmer beschrieben das Phänomen folgendermaßen (vgl. Anhang F):

- Die Patienten weigern sich, Medikamente einzunehmen.
- Die Patienten setzen die Medikamente ab.

3.3.2 Ursachen des Phänomens aus Sicht des Gesundheits- und Krankenpflegepersonals

In dieser Kategorie wurden Aussagen des GK gesammelt, in denen sie über mögliche Ursachen des Phänomens sprachen. Diese wurden in folgende Unterkategorien eingeteilt:

- Fehlende Behandlungs- oder Krankheitseinsicht
- Nebenwirkungen durch die Medikamente
- Schuldzuweisungen an die Psychiatrie und die Medikamente
- Autonomiebestrebungen

3.3.2.1 Fehlende Behandlungs- oder Krankheitseinsicht

Das GK gab an, dass sich die betroffenen Patienten in einer akuten Phase der Erkrankung nicht als behandlungsbedürftig sähen. Sie seien nicht einsichtig und betrachteten sich nicht als krank. Daher würden sie keinen Grund erkennen, die Medikamente zu nehmen.

> *»Warum soll ich, nur weil ihr das jetzt wollt, ich fühle mich ja gesund, und so geht es auch unseren Patienten.« Johanna (26:30)*

Dies komme auch dadurch zum Ausdruck, dass einige Patienten, die über einen längeren Zeitraum, gegebenenfalls unter Zwang, Medikamente eingenommen hätten, die Medikamente in stabilen Phasen wieder absetzten. Der Gewinn durch die Behandlung sei ihnen nicht bewusst.

> *»Und im Nachhinein wollen sie es dann doch nicht haben und setzen es wieder ab und gehen dann halt nicht zu dem Termin für die Depotspritze.« Till (23:139)*

3.3.2.2 Nebenwirkungen durch die Medikamente

Als weitere Ursache des Phänomens beschrieb das teilnehmende GK die durch die Medikamente verursachten Nebenwirkungen. Genannt wurden u. a. Gewichtszunahme, Antriebsstörungen, Libidoverlust und aus den Nebenwirkungen resultierende Einschränkungen im Alltag. Durch eine längere Erkrankungsdauer erhöhe sich das Risiko, eine Vielzahl an Nebenwirkungen zu erleiden.

> *»Die (Anm. Patienten) einfach aus ihrer Erfahrung heraus wissen, dass sie viele Neuroleptika nicht gut vertragen mit Gewichtszunahme, Antriebsstörungen sowie diese typischen bekannten Nebenwirkungen, die dann genannt werden, als Grund zu sagen, ich möchte das nicht mehr nehmen. Und da haben natürliche viele Leute im Laufe dieser doch langen Erkrankungsdauer verschiedene unangenehme Erfahrungen gemacht.« Roland (25:9)*

3.3.2.3 Schuldzuweisungen an die Psychiatrie und die Medikamente

Des Weiteren nannte das GK als Ursache des Phänomens, dass die Patienten die Schuld an ihrer Erkrankung und deren Auswirkungen bei der Psychiatrie und den Medikamenten suchten. Dann sei es eine logische Konsequenz, sich einer Behandlung zu entziehen.

»Weil ich ja psychisch krank bin und das habt ihr mir angetan, wo klar wird, das wird mit uns assoziiert und wir sind die Verantwortlichen, die das Leben von dem einzelnen Menschen irgendwie kaputtgemacht haben. (...) Ja ihr habt ja mein Leben verpfuscht, das hören wir auch sehr oft, wegen euch und eurer [Schimpfwort]-Medikation konnte ich keine Ausbildung machen, konnte ich mein Studium nicht beenden, habe ich keine Partnerin im Leben gefunden.« Persepolis (24:54)

3.3.2.4 Autonomiebestrebungen

Befragte aus der Gruppe des GK gaben an, dass der Wunsch nach Selbstbestimmung auch durch das Verweigern von Medikamenten zum Ausdruck gebracht werden könne.

Jedoch sei dies ihrer Meinung nach der falsche Weg, da sich die Patienten damit gegen den Rat von anerkannten Fachleuten stellten.

»Autonomie ist ein großes Thema, gerade bei psychischen Erkrankungen und dann eben hier in so einem einschneidenden Rahmen ist Autonomie ein recht großes Thema, das merkt man schon.« Ralf (2:25)

3.3.3 Kontext des Phänomens aus Sicht des Gesundheits- und Krankenpflegepersonals

Als Kontextvariable nannte das GK die Häufigkeit von möglichen Zwangsbehandlungen. Diese sei in Abhängigkeit von der Patientenklientel sowie der jeweiligen psychiatrischen Einrichtung unterschiedlich.

»Das ist eigentlich ganz unterschiedlich, was für ein Patientenklientel wir haben, so ungefähr ein- bis zweimal in der Woche. Kann auch mal weniger sein, je nachdem.« Patricia (1:1)

»Behandlungsverweigerung ist ja gar nicht so oft das Thema bei uns, ist mir aufgefallen. Wenn ich mit Kollegen aus anderen Einrichtungen rede, scheint das dort viel, viel öfter vorzukommen.« Helmut (27:1)

3.3.4 Konsequenzen aus dem Phänomen

Die vom GK genannten Konsequenzen aus dem Phänomen konnten in drei Unterkategorien unterteilt werden:

- Auswirkungen auf die Patienten:

  - Kurzfristige Folgen: Symptome der Erkrankung, Patienten bleiben unbehandelt, zukünftige Zwangsmedikation
  - Langfristige Folgen: sozialer Abstieg
- Auswirkungen auf die Umgebung (GK, Angehörige, Mitpatienten und Umfeld)
- Auswirkungen auf das Stationsklima

3.3.4.1 Auswirkungen auf die Patienten

Die Gesundheits- und Krankenpfleger berichteten, die verweigernden Patienten würden unter den Auswirkungen der Erkrankung leiden. Die Patienten seien nicht mehr in der Lage, mit der Außenwelt in Verbindung zu treten. Sie seien reizbar und aggressiv. Durch ihr störendes Verhalten würden sie in Konflikte mit ihrem Umfeld geraten und seien mitunter selbst- und/oder fremdgefährdend.

> *»Die (Anm. Patienten) sind angespannt, laufen ständig auf und ab. Und ja, sind sehr reizbar und in der Kommunikation mit anderen haben sie einen aggressiven Unterton, sind laut oder beschimpfen sich gegenseitig.«* Persepolis (24:17)

Daraus resultiere die Notwendigkeit einer gerichtlichen Unterbringung bzw. einer Anwendung von Zwangsmaßnahmen. Befragte aus der Gruppe des GK merkten an, teilweise könnten die Patienten in der eigenen Wohnung verbleiben und auf diese Weise selbstständig bleiben. Sei das aber aufgrund ihres Verhaltens nicht möglich, kämen sie in eine betreute Einrichtung.

Nähmen die Patienten während eines Aufenthalts in einer stationären psychiatrischen Einrichtung keine Medikamente ein, müsse man sie zum Teil unbehandelt entlassen.

> *»Weil sie einfach hier unbehandelt wieder entlassen wurden, entlassen werden mussten.«* Roland(25:39)

Unbehandelten Patienten drohe eine Verschlechterung ihres Zustands, sozialer Abstieg oder der Verlust der Teilhabe an der Gesellschaft.

> *»Er überhaupt keine Teilhabemöglichkeit mehr an der Gesellschaft hat, er verliert vielleicht seine Wohnung, weil er vielleicht Schwierigkeiten mit seinem Umfeld hat.«* Roland (25:25)

Letztendlich könne die Verweigerung zu einer Zwangsmedikation führen.

3.3.4.2 Auswirkungen auf die Umgebung

In dieser Unterkategorie wurden Aussagen der Gesundheits- und Krankenpfleger gesammelt, in denen sie über die Belastung durch das Phänomen auf sich selbst und das Umfeld der Patienten sprachen.

Das GK nahm die Situation als Belastung für sich war. Die Arbeit sei anstrengender geworden und sie empfänden ein Gefühl der Machtlosigkeit.

»Es ist auf jeden Fall belastender geworden. Man macht sich auch mehr Gedanken, jeden Tag zu Arbeit zu gehen. Gerade, wenn man weiß, was für ein Stress ist und dass man nicht viel ausrichten kann teilweise.« Patricia (1:90)

Ein Teilnehmer gab an, gelegentlich werde der Wunsch laut, die Situation möge rasch eskalieren, damit endlich eine rechtliche Grundlage für eine medikamentöse Behandlung bestehe.

»Eine andere Möglichkeit, die Situation direkt dann vorsätzlich eskalieren zu lassen, damit man eine Behandlungsmöglichkeit hat.« Patricia (1:17)

Auch für die Angehörigen sei es eine schwere Situation, wenn die Patienten unbehandelt in einer psychiatrischen Einrichtung verweilen würden.

»Dann ist es halt für die Angehörigen schwer, weil die bringen sie ja eigentlich, damit wir sie wieder so machen, dass sie draußen leben können.« Johanna (26:20)

Teilweise würden die Mitpatienten aufgehetzt und nähmen sich ein Beispiel an den verweigernden Patienten. Einige Mitpatienten nähmen keine Notiz von der Verweigerung, andere würden das Problem erkennen und versuchten zu helfen. Durch das veränderte Verhalten der Patienten fühle sich auch deren Umfeld draußen gestört.

»(...) weil sie (Anm. Patienten) einfach hier (Anm. psychiatrische Klinik) unbehandelt wieder entlassen wurden, entlassen werden mussten. Und dann wieder relativ schnell da waren, da es außerhalb sehr schnell durch ihre sehr auffälligen Verhaltensweisen zu Konflikten kam.« Roland (25:40)

3.3.4.3 Auswirkungen auf das Stationsklima

Das Phänomen wurde von dem GK als Belastung für das Stationsklima wahrgenommen. Das äußere sich dadurch, dass die verweigernden Patienten Unruhe auf der Station auslösten. Sie seien laut, vor allem nachts, sodass Mitpatienten nicht schlafen könnten. Die Gesundheits- und Krankenpfleger beschrieben die Auswirkung auf die Stimmung als schädlich und negativ.

»Es war immer laut, es war immer so eine aggressive Spannung auf der Station, jedem von den Patienten wie auch von den Mitarbeitern, auch die ganz unbeteiligten Patienten, hat man angemerkt, die waren schon in einer solchen Lauerstellung ›irgendwas passiert‹. Und für unser Stationsklima war das sehr schädlich.« Roland (25:99)

Seit der veränderten rechtlichen Lage und der daraus folgenden Möglichkeit der Verweigerung sei die Situation angespannt.

»Ansonsten insgesamt war die Situation auf der Station angespannt.« Ralf (2:5)

Dies habe einen schnelleren Wunsch nach Sicherungsmaßnahmen gegen auffällige Patienten zur Folge.

»Man merkt einfach, dass das Klima von Grund auf angespannt ist und dass die Mitarbeiter schon bei der kleinsten Kleinigkeit sagen, der Patient muss isoliert werden und mediziert werden.« Patricia (1:84)

3.3.5 Strategien des Gesundheits- und Krankenpflegepersonals

Die Gruppe des GK beschrieb eine Vielzahl von Handlungsstrategien, um mit dem Phänomen umzugehen und eine Lösung zu finden.

Genannt wurden folgende:

- Motivationen zur Medikamenteneinnahme
- Patientenorientierte Strategien:
  - Beziehungsaufbau
  - Einbeziehen des Patienten in die Behandlung
  - Individuell auf den Patienten eingehen
- Deeskalieren
- Mitpatienten schützen
- Zwangsmaßnahmen
- Strategien im Team
- Nichtbehandlungen
- Angehörige in die Behandlung mit einbeziehen

3.3.5.1 Motivationen zur Medikamenteneinnahme

In dieser Unterkategorie wurden Handlungsstrategien gesammelt, mit denen die Befragten aus der Gruppe des GK versuchten, die Patienten zur Medikamenteneinnahme zu motivieren.

Die Befragten gaben an, dass sie mit den Patienten über die Medikamente sprachen. Es werde immer wieder an den Patienten herangetreten und das Angebot zur Medikamenteneinnahme gemacht. Ebenfalls werde über Vor- und Nachteile der Medikamenteneinnahme gesprochen und der Eindruck vermittelt, dass die Medikation helfe.

»Dann kann man sagen, wie viel Lebensqualität man durch die Behandlung gewinnen kann und es lief in der und der Bahn und dann hast du dich behandeln lassen, das hat dann das zur Folge gehabt, im Guten wie im Schlechten.« Roland (25:14)

Als Motivation für die Patienten sprachen die Gesundheits- und Krankenpfleger mit ihnen auch über die Möglichkeit einer Entlassung. Die Befragten berichteten, man müsse Geduld haben, versuchen, eine Compliance herzustellen, und die Patienten immer wieder aufs Neue zur Einnahme überreden.

»Man muss halt viel Geduld haben, muss jeder immer wieder in das gleiche Horn stoßen, dann kann es irgendwann sein, dass man sie überreden kann.« Johanna (26:6)

Führten diese Herangehensweisen nicht zum Erfolg, versuchte das GK Druck auf die Patienten auszuüben. Dies geschah u. a. durch Androhung einer möglichen Zwangsmaßnahme wie Fixierung oder Isolierung oder durch das Hinzuholen von personeller Verstärkung. Ein Teilnehmer gab an, vor der veränderten Rechtslage habe man neben diesen Mitteln noch eine mögliche Zwangsmedikation als maximales Druckmittel gehabt.

»Jetzt ist es halt so, dass die Maxime, die als Druckmittel genommen wird, sprich ich warte bis irgendwas passiert ist, dann sage ich, jetzt entweder Isolierung, Fixierung oder Medikamenteneinnahme.« Ralf (2:57)

3.3.5.2 Patientenorientierte Strategien

In dieser Unterkategorie wurden Strategien gesammelt, in denen beschrieben wird, wie das GK versuchte, auf die Patienten zuzugehen und in gemeinsamem Einverständnis zu handeln.

Die Teilnehmer gaben an, es sei wichtig, Beziehungsarbeit zu leisten. Diese beinhalte einen Beziehungsaufbau zum Patienten, um eine tragfähige und vertrauensvolle Basis herstellen zu können, die dann ein Behandlungsbündnis ermöglichen würde.

»Wenn Patienten dann in einer stabilen Phase sind und ich schaffe es dann, ein wirklich gutes Vertrauen aufzubauen oder eine gute Basis aufzubauen.« Ralf (2:89)

Geleistet werde dies durch die aktive Suche eines Gesprächs mit den Patienten. Das GK versetze sich in sie hinein, beobachte sie und versuche, mögliche Warnsignale zu erkennen.

»Da würde ich mich auch wehren, da würde ich auch sagen nein, warum soll ich.« Johanna (26:9)

Bei Patienten, die schwerer für eine Kooperation zu gewinnen seien, setzte das GK auf eine Bezugspflege. Gefragt sei auch eine Ambiguitätstoleranz, die es ermögliche, angespannte Situationen auszuhalten und andere Lösungswege zu finden. Der Patient solle während seines Wegs begleitet werden.

Des Weiteren versuche man, die Patienten mehr in die Entscheidungen über ihre Therapien mit einzubeziehen. Die Befragten aus der Gruppe des GK sprachen mit den Patienten darüber, welche Therapien und Medikamente in der Vergangenheit geholfen hätten, und versuchten, dies in den Behandlungsplan zu integrieren.

»Und genau so auch mit den Medikamenten, wenn das schon einmal Thema sein muss, mit was haben Sie gute Erfahrungen gemacht. Und die Leute haben ja auch schon ganz oft ihre eigenen Erfahrungen gemacht und können diese auch mitteilen und teilen diese auch mit.« Helmut (27:38)

Um den Patienten zu vermitteln, warum sie Medikamente nehmen sollen, würden sie z. B. auf ihr verändertes Verhalten angesprochen.

»Halt immer wieder die Gesundheit ansprechen und dass sie jetzt eben, auch wenn sie's nicht hören wollen, dass sie krank sind, dass sie draußen durchs Raster fallen und auffällig sind, dass sie deswegen da sind.« Johanna (26:8)

Weiterhin sei die Teilnahme an einer Psychoedukation hilfreich, um die Eigenverantwortung und Selbstwahrnehmung der Patienten zu stärken. Damit sich die Patienten für eine Behandlung entscheiden, müsse ihnen Zeit gegeben werden und notfalls auch die Nichteinnahme der Medikamente akzeptiert werden.

> *»(...) und dann vielleicht auch die Zeit dazu beiträgt, dass er dann seine Einsicht ändert.« Helmut (27:11)*

Die befragten Gesundheits- und Krankenpfleger versuchten, individuell auf die Patienten einzugehen.

> *»Dann wird schon versucht, auf diese Bedürfnisse einzugehen, und das ist schon eine individuelle Geschichte, finde ich.« Persepolis (24:57)*

Ihrer Meinung nach sollte insgesamt versucht werden, durch eine integrierte und heimatnahe Behandlung patientengerechtere Strukturen zu schaffen. Dadurch könne man Probleme früher erkennen und ein Umfeld schaffen, welches verhindere, dass der Patient eingewiesen werden müsse. Dies sei als Prävention zu verstehen.

> *»Das Problem ist halt, man muss viel früher greifen im System. Man muss ja diese ganze integrierte, die häusliche Versorgung – man muss viel früher erkennen, die Probleme, dass die Leute schlechter werden.« Till (23:93)*

3.3.5.3 Deeskalieren

Die Teilnehmer gaben an, dass Deeskalation notwendig sei, um mögliche Zwangsmaßnahmen zu vermeiden und angespannte Situationen zu entspannen. Dies beginne mit dem Erkennen möglicher Warnsignale.

> *»Das hat ja schon auch was mit Erkennen von Aggressionen zu tun, wissen Sie, die ganze Rubrik von der Deeskalation zu erkennen, wann wird jemand aggressiv, was hat er für Warnsignale, da muss man schon auch.« Helmut (27:46)*

Des Weiteren sei ein beruhigendes Gespräch hilfreich sowie das Anbieten von Ablenkung oder ein gemeinsamer Ausgang. Dadurch könne der Patient aus der Situation herausgeholt werden.

3.3.5.4 Mitpatienten schützen

Um Mitpatienten vor aggressiven Patienten zu schützen, versuche man sie von den anderen Patienten zu trennen.

> *»Wir versuchen die zwar immer ein bisschen abzuschotten.« Till (23:24)*

Ebenfalls werde versucht, auffällige Patienten auf andere Stationen zu verlegen.

3.3.5.5 Zwangsmaßnahmen

Das GK sprach über die Abläufe von Sicherungsmaßnahmen wie Isolierung und Fixierung, und Zwangsmedikation.

Bevor man eine Zwangsmedikation anwende, würde mehrfach die freiwillige Medikamenteneinnahme angeboten.

»Man versucht auf jedem Fall, immer erst dem Patienten das noch mal oral anzubieten, dass er es doch vielleicht freiwillig nimmt, bevor man jetzt zwangsinjiziert.« Patricia (1:28)

Führe dies nicht zum Erfolg, hole man personelle Verstärkung, da physische Präsenz den Druck zur Einnahme erhöhe. Werde dann eine Zwangsmaßnahme durchgeführt, seien klare Absprachen mit dem Patienten von entscheidender Bedeutung.

Um Transparenz herzustellen, würden die Handlungsmöglichkeiten beider Seiten und die Durchführungskaskade erklärt. So würde der Patient über seine Rechte, Kontextdaten der Maßnahme und Konsequenzen informiert.

»(...) dass man auch diese Durchführungskaskade, wann hat man was vor oder was hat man überhaupt vor, transparent formuliert, damit die Patienten sich auch darauf einlassen können, okay, ich habe hier noch eine Option, wenn nicht das, dann erfolgt das, das ist dann letztendlich auch konsequent.« Persepolis (24:48)

Nach Durchführung einer Zwangsmaßnahme werde mit dem Patienten ein Nachgespräch geführt, um die Gründe, die dazu geführt hatten, zu besprechen und um gegebenenfalls Rückmeldung zu bekommen, was besser gemacht werden könne.

Die Befragten aus der Gruppe des GK unterschieden zwischen einer akuten Zwangsmedikation in Kombination mit einer Sicherungsmaßnahme und einer langfristig angelegten Zwangsmedikation, welche über einen Betreuer und eine richterliche Entscheidung angestoßen werden müsse. Vor der Gesetzesänderung habe man schneller eine langfristige Zwangsmedikation angestrebt. Laut dem GK diene eine Zwangsmedikation, wenn Gefahr im Verzug sei, primär der Beruhigung des Patienten, nicht der Besserung der Erkrankung.

»Jetzt im Akutfall auch gegen den Willen vom Patienten, einfach weil sie tatsächlich übergriffig waren. Dadurch aber keine weitere Behandlung erfolgt, ist auch durch diese kurze Behandlung von diesem Notfall keine Krankheitseinsicht entstanden ist und auch nicht entstehen kann, dass es auf längere Sicht einfach nichts gebracht.« Roland (25:106)

Vor einer Zwangsmedikation stehe eine individuelle Abwägung von Nutzen und Risiken im Vordergrund. Ebenfalls spiele die jeweilige Situation eine entscheidende Rolle.

»(...) man muss es aber auch wirklich aus der Situation heraus entscheiden, ob das jetzt wirklich angebracht wäre, den Menschen jetzt zwangszumedizieren deswegen oder nicht.« Till (23:36)

3.3.5.6 Strategien im Team

Um mit dem Phänomen auf Station sinnvoll umzugehen, sei die Abstimmung von Handlungsstrategien im Team relevant. Zum einen gebe es Absprachen innerhalb des GK, um festzulegen, wie man sich in der Situation einer Verweigerung verhalte.

> *»Ich denke, da ist so was wichtig wie eine Rücksprache mit der Kollegin oder mit dem Kollegen, der da ist, noch mal die Situation abklären und sagen okay, was machen wir jetzt (...) wer von uns macht das, da noch eine gute Absprache haben.« Persepolis (24:23)*

Außerdem gebe es interdisziplinäre Rücksprachen. Dadurch werde eine gemeinsame Haltung und Umgangsweise geschaffen.

3.3.5.7 Angehörige in die Behandlung mit einbeziehen

Befragte aus der Gruppe des GK beschrieben, es werde versucht, die Angehörigen der Patienten in die Behandlung mit einzubeziehen. Dies erfolge durch Gespräche, Angehörigengruppen und gemeinsame Helferkonferenzen.

> *»Angehörigengruppe. Angehörigenarbeit. Die versucht man natürlich einzubinden.« Helmut (27:60)*

3.3.5.8 Nichtbehandlungen

In einzelnen Fällen habe es das GK erlebt, dass es Patienten ohne medikamentöse Behandlung im stationären Rahmen besser gegangen sei.

> *»Dem Patient geht es ohne Behandlung vielleicht tatsächlich besser als mit.« Roland (25:24)*

3.3.6 Intervenierende Bedingungen des Gesundheits- und Krankenpflegepersonals

In dieser Kategorie wurden die einflussnehmenden Faktoren auf die Wahl der Handlungsstrategien aus der Sicht der Gesundheits- und Krankenpfleger gesammelt:

- Der Patient selbst
- Beziehungen zwischen den Patienten und dem GK
- Persönliche Fähigkeiten des GK
- Ressourcenknappheit
- Professionelle Haltungen
- Individuelle Einstellungen zur Angemessenheit von Zwangsmaßnamen
- Stationsklima
- Klinikhaltung

3.3.6.1 Der Patient selbst

Das GK stellte fest, eine Behandlung solle situativ angemessen gewählt werden. Dazu zählten die Aufnahmesituation des Patienten und das gezeigte Krankheitsbild. Daraufhin müsse überlegt werden, ob und welche Behandlung helfen könne. Ein weiterer relevanter Punkt, wie dringlich die Medikation sei, werde am Verhalten des Patienten gemessen. Verhalte sich der Patient friedlich und unauffällig, bestehe kein Grund für eine Zwangsmedikation.

> *»Und wenn wir sagen, gut, die Patientin oder der Patient zieht sich zurück auf sein Zimmer, ist nicht laut, und wir gehen da in einem gewissen Abstand rein, dann denke ich okay, wir können abwarten.« Persepolis (24:24)*

Eine Zwangsmedikation und/oder Sicherungsmaßnahme sei dann nötig, wenn Gefahr im Verzug sei und sich Patienten eigen-/oder fremdgefährdend verhielten. Das GK schilderte Verhaltensweisen wie Aggressionen gegen Mitpatienten, Mitarbeiter oder Gegenstände, Fluchttendenzen oder allgemeine Unruhe.

> *»Wir zwangsmedizieren ja nicht sofort, wenn jemand kommt. Außer, der ist aggressiv und schlägt um sich, dann bekommt er Medikamente.« Johanna (26:55)*

Eine weitere Variable sei, inwieweit der Patient noch im Gespräch erreichbar und in den Dialog mit dem GK treten könne oder nicht. Davon mache man abhängig, ob man gegebenenfalls auf Zwangsmaßnahmen zurückgreifen müsse.

> *»Ich glaube, wenn man nicht mehr in einen Dialog treten kann. Wenn ich den Eindruck habe, ich erreiche die Patientin nicht. Die Person hört uns gar nicht zu oder kann nicht oder überhaupt nicht adäquat darauf antworten (...) die Person kann in dem Moment nicht das Bedürfnis (...) uns mitteilen.« Persepolis (24:19)*

Das GK berichtete, dass es versuche, Vorerfahrungen der Patienten mit Behandlungen mit einzubeziehen. Einige Patienten fürchteten sich vor einer Zwangsmedikation, andere erkundigten sich bereits bei der Aufnahme über ihre Rechte.

> *»(...) wir haben schon manchmal Leute bei Aufnahme, die sich fragen, inwieweit darf man mich noch zwangsmedizieren, inwieweit darf man gegen meinen Willen handeln, muss ich Medikamente nehmen (...)« Till (23:35)*

3.3.6.2 Beziehungen zwischen den Patienten und dem GK

Die Teilnehmer beschrieben, was ihrer Meinung nach eine gute Beziehung zwischen dem GK und den Patienten ausmache und wodurch sie beeinflusst werden könne. Eine funktionierende, tragfähige Beziehung zeichne sich durch ein vertrauensvolles und authentisches Miteinander aus.

> *»Entscheidend ist ja, wie ist der Kontakt zu dem Menschen und wie gelingt es uns, zu ihm eine vertrauensvolle Ebene herzustellen.« Helmut (27:7)*

Schaffe man, dies aufzubauen, könne bei weiteren Aufenthalten auf ein stabiles Behandlungsbündnis zurückgegriffen werden. Dies ermögliche es, Zwangsmaßnahmen zu vermeiden und eine Kooperation zu fördern.

»Davon profitiere ich dann eben auch in einer Phase, wo es den Patienten schlechter geht, beispielsweise bei einer Wiederaufnahme.« Ralf (2:91)

Auch sei es hilfreich, die Patienten bereits zu kennen. Dadurch könne man ihr Verhalten einschätzen, wisse wie sie in stabilen Phasen seien und könne die Notwendigkeit zur Behandlung abwägen.

»Wenn ich jetzt die Geschichte gut kenne und die Patienten zu uns kommen und die waren schon in Behandlung, die kennt man dann auch, dann kann man sagen, wie viel Lebensqualität man durch die Behandlung gewinnen kann.« Roland (25:13)

Eine gute Beziehung ermögliche vorausschauendes Handeln, eine bessere Kommunikation und letztlich eine bessere Behandlung. Somit beeinflusse die Beziehung zum Patienten auch die Wahl der Behandlungsstrategien.

3.3.6.3 Persönliche Fähigkeiten des GK

Die Teilnehmer berichteten, man benötige menschliche Fähigkeiten wie Sympathie, Mitgefühl, Einfühlungsvermögen und Geduld im Umgang mit verweigernden Patienten.

»Klar erfordert es eine Sensibilität von den Personen, die im Alltag (Anm. Klinikalltag) beschäftigt sind, man braucht eine sensible Wahrnehmung.« Persepolis (24:6)

Geduld sei nötig, um die Patienten immer wieder zur Medikamenteneinnahme zu motivieren und eine Entscheidung der Patienten abwarten zu können. Im Umgang mit uneinsichtigeren Patienten sei Kreativität und Flexibilität gefragt, um Lösungen zu finden.

»Erfordert aber schon auch eine gewisse Handlungskompetenz von einem, mir fällt das Fachwort nicht ein, Ambiguitätstoleranz. Ein Stück weit unklare Situationen auszuhalten, aber auch auf verschiedene Situationen anders zu reagieren, das erfordert das.« Ralf (2:60)

Durch das Einbringen von persönlichen Fähigkeiten könne ein anderer Umgang mit den Patienten entstehen und Zwangsmaßnahmen könnten verringert werden.

»Ich glaube, dass in den Menschen, die in der Psychiatrie arbeiten, oft ganz viele kreative Dinge sind, die sie nicht herausholen und die sie zum Einsatz bringen könnten (...) wenn man das dann auch noch mit einbringt, ich glaube, dann kann man auch tatsächlich mit viel weniger Zwangsmaßnahmen klarkommen.« Helmut (27:7)

3.3.6.4 Ressourcenknappheit

Als weiteren einflussnehmenden Faktor nannten die Befragten aus der Gruppe des GK personelle, räumliche und finanzielle Ressourcen. Das Bewusstsein der Ressourcenknappheit erhöhe den Druck, durch Medikation bzw. Zwangsmedikation eine schnelle Besserung oder zumindest eine zufriedenstellende Situation herzustellen. Wenn dies nicht möglich sei, entstehe Frustration. Patienten, die verweigerten, erforderten den Einsatz erheblicher personeller Ressourcen.

»Und das sind ja ohnehin die Patienten, die die meisten Ressourcen auf Station nutzen.« Ralf (2:71)

Zudem fehlten die finanziellen Mittel, um eine integrierte und präventive Versorgung leisten zu können.

»Aber da fehlen halt die Gelder momentan, um das zu gewährleisten.« Till (23:92)

3.3.6.5 Professionelle Haltungen

Die professionelle Haltung der einzelnen Teilnehmer des GK wird als mitentscheidende beeinflussende Variable des Umgangs mit dem Phänomen beschrieben. Sie wird wiederum modifiziert durch berufliche Kompetenz, Berufserfahrung, ein individuelles Berufsverständnis und individuelle Werte. Die berufliche Kompetenz war Argumentationsgrundlage des GK, wenn sie die Behandlungsbedürftigkeit der Patienten feststellten.

»Weil wir wissen, wir könnten das abkürzen.« Johanna (26:48)

Das befragte GK gab an, dass die berufliche Kompetenz maßgeblich durch die berufliche Ausbildung sowie Berufserfahrung entstehe. Über die Zeit lerne man, Situationen und den Umgang mit den Beteiligten besser einzuschätzen und werde entspannter.

»Ich denke, das merkt man, das liegt im Gefühl, das merkt man schon brutal, ob's was bringen würde, ob's nichts bringen würde.« Till (23:46)

Mit der Zeit wisse man, so die Teilnehmer, dass die Patienten ohne Medikamente nicht aus der Psychose »herauskämen« und sich nicht besserten, sondern dass sich ihr Zustand verschlechtere.

»(...) je länger eine Psychose andauert, umso länger braucht man auch, bis sie behandelt ist. Und natürlich Zeit.« Johanna (26:17)

Aus Erfahrung wisse man, dass eine Zwangsmaßnahme in sediertem Zustand für den Patienten annehmbarer sei.

»(...) macht es das für den Patienten auch erträglicher. Weil jetzt gerade fixiert zu sein, ohne Medikamente, bei vollem Bewusstsein stundenlang festgebunden zu sein und sich kaum bewegen zu können.« Patricia (1:24)

Hinter der Entscheidung, Medikamente zu verabreichen, und dem Wunsch, die Patienten sollten sie einnehmen, stand die Überzeugung, Medikamente hätten eine positive, helfende Wirkung auf die Patienten.

»Eigentlich würde man denken, es würde dem Menschen schon besser tun, wenn er die Medikation nimmt, es ist ja zum Wohle des Patienten aus unserer Sicht.« Persepolis (24:67)

3.3.6.6 Individuelle Einstellungen zur Angemessenheit von Zwangsmaßnamen

Einige Teilnehmer stellten das Recht zur Anwendung von Zwangsmedikation infrage. Dies sei ein sehr großer Einschnitt in die Persönlichkeitsrechte der Patienten. Bereits die Androhung einer solchen Maßnahme sei fragwürdig.

»Und ich muss auch sagen, allein die Tatsache, so wenn man einem Patienten nur androht, dass er zwangsbehandelt würde, hat dann mit Freiwilligkeit nichts zu tun (...) « Roland (25:76)

Die Autonomie des Patienten müsse respektiert werden, sonst bestehe die Gefahr des Missbrauchs, berichteten die Teilnehmer.

»Das Problem ist halt, es wird einem ziemlich viel Macht verliehen mit so was.« Till (23:120)

Auf der anderen Seite merkten die Befragten an, es sei moralisch genauso wenig angebracht, abzuwarten und die Patienten unter ihrer Erkrankung leiden zu lassen.

»Aber ich finde es unmenschlicher zu warten, bis irgendetwas passiert, als gleich zu interagieren.« Till (23:114)

Die Würde des Patienten dürfe nicht außer Acht gelassen werden und es sei fraglich, ob sie bewahrt werden könne.

»Klar, muss man immer die Würde vom Patienten auch im Hinterkopf behalten und sich wirklich jede Situation überlegen, ob das jetzt wirklich sein muss.« Patricia (1:79)

Eine Zwangsmaßnahme sei nicht nur belastend für die Patienten, sondern auch für die Befragten aus der Gruppe des GK. Eine bewusste Eskalation verbiete sich daher.

»Letztendlich, das schlechte Gewissen auch. Dass man jetzt vorsätzlich jemanden dazu bringt, dass er zwangsbehandelt wird. (...) Letztendlich, man macht es ja nicht gerne.« Patricia (1:77)

Sicherungsmaßnahmen wie Fixierungen oder Isolierungen könnten aus Sicht der Teilnehmer in Akutphasen sinnvoll sein, allerdings wurde die Anwendung von Zwangsmaßnahmen, Zwangsmedikation und gesetzlicher Unterbringung nicht als wünschenswert angesehen. Manchmal seien unfreiwillige Maßnahmen nötig, aber ideal sei eine Psychiatrie ohne sie.

»(...) ideal ist es, wenn man sie gar nicht braucht.« Helmut (27:65)

3.3.6.7 Stationsklima

In diese Unterkategorie fielen Aussagen zu Faktoren, die das Stationsklima veränderten und eine Deeskalation förderten.

Ein gutes Stationsklima bedeute ausreichende räumliche Möglichkeiten und eine Durchmischung von Patienten verschiedener Altersklassen. Ein angenehmes

Klima könne durch offene Stationstüren erzeugt werden. Die Möglichkeit, gehen zu können, wirke sich positiv auf das Verhalten der Patienten aus.

> *»Ich weiß, dass die geschlossene Station allein aufgrund dessen, dass sie geschlossen ist, ganz andere Dynamiken bei den Menschen auslöst, sowohl bei den Patienten auch bei den Mitarbeitern.« Helmut (27:33)*

3.3.6.8 Klinikhaltung

Die Wahl der Behandlung sei auch durch die innere Haltung der jeweiligen psychiatrischen Einrichtung beeinflusst.

> *»(...) es gibt Traditionen in den Häusern, dann gibt es mentale Altlasten, dass die sagen, das kann man gar nicht anders machen.« Helmut (27:51)*

3.3.7 Konsequenzen aus den Strategien

In dieser Kategorie wurden Aussagen des GK gesammelt, die sich mit den Auswirkungen der nachfolgenden Strategien beschäftigten:

- Patientenorientierte Strategien
- Zwangsmaßnahmen:
  - Druck ausüben
  - Sicherungsmaßnahmen
  - Zwangsmedikation
- Nichtbehandlungen

3.3.7.1 Auswirkungen der Strategie »patientenorientiert«

Wenn das GK individuell auf die Patienten eingehe, könnten diese ihr Verhalten und ihre Bedürfnisse besser reflektieren.

> *»Aber bei vielen kann man sagen, o.k. man hatte ja dadurch einen Gewinn. Und manche können das tatsächlich auch, Gott sei Dank, für sich selber erkennen.« Roland (25:17)*

Durch patientenorientierte Strategien könnten tragfähige Lösungen gefunden werden.

> *»Es geht sozusagen in einer kooperativen oder beteiligenden Form, mit dem Patienten Lösungen zu finden, die dann auch tragfähig sind.« Roland (25:78)*

Einige Patienten behielten dennoch ihre verweigernde Position bei.

3.3.7.2 Auswirkungen der Strategie »Zwangsmaßnahmen«

3.3.7.2.1 Auswirkung der Strategie »Druck ausüben«

Als positiv könne angesehen werden, dass einige Patienten früher vor Veränderung der Gesetzeslage auf die Androhung einer möglichen Zwangsmedikation hin ihre Medikamente eingenommen hätten.

»Dass Patienten (...) sonst immer mit entsprechenden Druck Medikamente eingenommen haben.« Ralf (2:79)

Als negativ könne gesehen werden, dass durch das Ausüben von Druck die Freiwilligkeit der Entscheidung wegfalle.

»Das hat dann mit Freiwilligkeit nichts zu tun, das ist etwas Erzwungenes, wo man sagt, okay, du hast nur zwei Alternativen, entweder man behandelt dich gegen deinen Willen per Gerichtsbeschluss oder du nimmst es freiwillig. Eine echte Wahl ist das ja nicht.« Roland (25:77)

Zudem sei erwähnenswert, dass, sobald sich Patienten unfreiwillig in einer Einrichtung befänden, ihre Gedanken permanent um eine mögliche Flucht kreisten. So verlagere sich der Fokus des stationären Aufenthalts von der Therapie auf die sichere Verwahrung der Patienten und die Einschränkung ihrer Selbstbestimmung durch die Sicherungsmaßnahme.

»Bloß der Unterschied ist der, wenn eine Tür geschlossen ist, dann verwenden die Kranken oftmals mehr Energie darauf, dass sie überlegen, wie komme ich hier raus. Weil sie vielleicht auch die Tagesstruktur nicht haben und die Angebote oder was auch immer.« Helmut (27:54)

3.3.7.2.2 Auswirkungen der Strategie »Sicherungsmaßnahmen«

Eine negative Auswirkung der Anwendung von Sicherungsmaßnahmen sei ihre Belastung für die Patienten.

»Man merkt auch, dass es für den Patienten sehr belastend ist.« Patricia (1:25)

Einige Patienten schämten sich für den Vorfall, der zu der Maßnahme geführt hatte, oder seien eingeschüchtert. Andere seien provoziert. Viele fänden sie falsch und hielten dies dem Personal vor. Dadurch komme es zu einer Verschlechterung der therapeutischen Beziehung.

»Die meisten sehen eben die Zwangsmaßnahme nicht als die richtige Maßnahme in dem Moment an.« Ralf (2:33)

Als positiv anzusehen sei, dass sich einige Patienten durch die Sicherungsmaßnahme beruhigten. Ebenfalls gebe es einige, die im Nachhinein reflektieren könnten, dass eine Notwendigkeit für die Maßnahme bestanden habe.

»Wir hatten auch schon Patienten, die danach gesagt haben, es war korrekt, was ihr gemacht habt. Die sehen das ja auch schon teilweise selber, dass es einfach zu viel war, dass sie zu aggressiv waren, dass sie einfach nicht mehr zurechnungsfähig in diesem Moment waren, um sich im Rahmen zu halten.« Till (23:54)

Durch Maßnahmen gegen auffällige Patienten verbessere sich das Stationsklima, ebenso könnten dadurch Mitpatienten geschützt werden. Für diese sei es jedoch auch belastend, eine Zwangsmaßnahme zu beobachten.

3.3.7.2.3 Auswirkungen der Strategie »Zwangsmedikation«

Das GK berichtete, als positive Konsequenzen für die Patienten ließe sich eine Besserung ihres Zustands und eine Verhinderung der sozialen Desintegration feststellen.

> *»Wo ich dann sage, dann ist dieser geringe Gewinn, den er (Anm. der Patient) dadurch (Anm. Zwangsmedikation) hat, wenigstens ein Schutz dagegen, dass er komplett aus seinem Umfeld fällt.«* Roland (25:26)

Es wurden aber auch negative Auswirkungen auf die Patienten berichtet. Zum einen nehme das Misstrauen gegenüber dem Versorgungssystem zu. Die Patienten hätten das Gefühl, diesem machtlos ausgeliefert zu sein. Eine Zwangsmedikation sei oftmals mit einem unfreiwilligen Aufenthalt verbunden. Die befragten Gesundheits- und Krankenpfleger empfanden die Zwangsmedikation als tief greifende Beschneidung der Patientenautonomie.

> *»Aber diese Zwangsmedikation ist natürlich ein massiver Einschnitt. Das hat dann nichts mehr mit Autonomie zu tun. Da wird nicht mehr der individuelle Freiheitsgrad bestehen bleiben. Da greifen wir selbstverständlich ein. Das muss man sagen wie es ist, Farbe bekennen, da greifen wir massiv ein.«* Persepolis (24:58)

3.3.7.3 Auswirkungen der Strategie »Nichtbehandlungen«

Wenn keine medikamentöse Behandlung möglich sei, könne sich der Zustand der Patienten gegebenenfalls verschlechtern.

> *»Langfristig gesehen finde ich es schlecht, weil je länger die in der Psychose, umso länger leiden sie teilweise, 90 % leiden bestimmt.«* Johanna (26:15)

Weiter verlängere sich der Aufenthalt der Patienten in einer stationären psychiatrischen Einrichtung.

> *»Das kommt ganz auf den Patienten an, aber letztendlich dadurch, dass man später behandeln kann, verzögert sich auch die ganze Behandlung. Dauert länger letztendlich.«* Patricia (1:89)

Anstelle einer Behandlung komme es zur Verwahrung der Patienten.

> *»(...) dass man Patienten auf der Station ›behandeln‹ muss, muss ich jetzt in Anführungszeichen setzen, weil tatsächlich werden sie verwahrt (...) die an keinerlei Therapie teilnehmen, die sich überhaupt nicht als krank erleben und natürlich auch überhaupt keine Medikamente einnehmen, die ab und zu hier sind, die hier ein Bett haben, etwas zu essen kriegen und ansonsten alles weit von sich weisen.«* Roland (25:41)

Unbehandelte Patienten auf Station belasteten das GK und die Mitpatienten. Die Mitpatienten fühlten sich bedroht, könnten nicht schlafen oder würden zu einer Verweigerung angestachelt.

»Dann haben Mitmenschen Angst. (...) Die Mitpatientinnen und Mitpatienten, die erfahren eine teilweise sehr bedrohliche Situation, wie gesagt gut, es kommt teilweise jetzt zu einem Sachschaden, wo man einfach Angst kriegt und wo es eine bedrohliche Situation gibt.« Persepolis (24:49)

Die Teilnehmer berichteten, dass das Stationsklima und die Stimmung im Team angespannt sei, wenn die Patienten ihre Medikamente verweigerten.

»Da ist dann gerade schon auch in den Übergaben morgens immer noch mal so der Wunsch, die dringende Bitte, sich am Tage darum zu kümmern, sodass eben Patienten entsprechend für die Nacht mit Medikamenten versorgt sind, dass sie schlafen können.« Ralf (2:17)

3.3.8 Wahrnehmung der anderen Gruppen aus Sicht des Gesundheits- und Krankenpflegepersonals

In diesem Abschnitt wird beschrieben, wie das befragte Gesundheits- und Krankenpflegepersonal die Rolle der Patienten, des ärztliches Personals und der Angehörigen sahen.

3.3.8.1 Patienten

3.3.8.1.1 Strategien

Das befragte GK berichtete folgende Handlungsstrategien:

- Juristische Maßnahmen ergreifen
- Medikamente einnehmen
- Verständnis für das GK

Befragte aus der Gruppe des GK berichteten, dass einige Patienten juristische Schritte einleiteten, um gegen eine aus ihrer Sicht ungerechtfertigte Zwangsbehandlung vorzugehen.

»Aber man hört halt immer wieder, dass Patienten darüber klagen oder die Häuser verklagen, dass es nicht richtig war, was die getan haben.« Till (23:124)

Teilweise erstellten sie Patientenverfügungen, um die medikamentöse Behandlung zu verhindern. Einige Teilnehmer aus der Gruppe des GK schilderten, manche Patienten nähmen durchaus unter Androhung von Zwang oder im Rahmen eines stationären Aufenthalts Medikamente ein. Im Rahmen der veränderten Rechtslage spielten andere betroffene Patienten mit der Medikamentenverweigerung ihre Macht aus.

> *»Ja doch, das kommt schon an, dass sie sagen können, nein, dass sie auch wissen, dass wir da ein Stück weit machtlos sind, wenn sie nicht wollen, wollen sie nicht.« Johanna (26:23)*

Es gebe auch Patienten, die Verständnis für das GK hätten und wüssten, dass auch das GK Zwangsmaßnahmen ungern durchführe.

> *»Die wissen ja auch, dass uns das auch ein dann keinen Spaß macht und dass es uns lieber ist, sie nehmen so ihre Medikamente, als dass wir mit Gewalt was machen müssen.« Johanna (26:23)*

3.3.8.1.2 Intervenierende Bedingungen

Ob die Patienten mit den Behandlern kooperierten, sei von ihrer Krankheits- und Behandlungseinsicht beeinflusst. Entscheidend sei es, ob die Patienten sich freiwillig oder unfreiwillig in der stationären psychiatrischen Einrichtung befänden. Falls sie unfreiwillig untergebracht seien, verweigerten sie eher die Medikamente, wohl, um ihre Autonomie zu betonen.

> *»Welche nicht freiwillig hierherkommen, sind nicht bereit, Medikamente zu nehmen.« Johanna (26:1)*

Das befragte GK beschrieb, dass das Verhalten der Patienten durch eine vertrauensvolle und akzeptierende Beziehung zu dem behandelnden Team aus GK und Ärzten positiv beeinflusst werde.

> *»Vertrauen und Beziehung, das sind schon so Stichworte, die gerade jetzt auch in der Pflege immer wieder fallen und auch gerade bei schwierigen Patienten Bezugspflege.« Ralf (2:30)*

Über die veränderte Rechtslage wüssten einige Patienten Bescheid. Sie wären sich darüber im Klaren, dass das GK im Falle einer Verweigerung machtlos sei.

> *»Ja doch, das kommt schon an, dass sie sagen können, nein.« Johanna (26:33)*

3.3.8.1.3 Konsequenzen aus den gewählten Strategien

Einige Teilnehmer aus der Gruppe des GK schilderten als mögliche positive Konsequenz der Medikamenteneinnahme die Entlassung der Patienten.

> *»Aber wenn sie dann zwei bis drei Wochen Medikamente genommen hat, war sie wieder so gut, dass man sie entlassen konnte.« Roland (25:64)*

3.3.8.2 Ärztliche Mitarbeiter

3.3.8.2.1 Strategien

Befragte aus der Gruppe des GK berichteten, dass die Ärzte die Kontrollinstanz seien und die Verantwortung für die Behandlung trügen.

»Unsere Ärzte sind mit dabei, in der Regel ist ein Oberarzt dabei, der natürlich die fachliche Verantwortung von ärztlicher Seite her trägt.« Persepolis (24:3)

Vor der Entscheidung, einen Patienten einer Zwangsmedikation zuzuführen, käme es zu einer Abwägung von Nutzen und Risiken.

»Es ist ja trotzdem ein Richter da und es sind ja trotzdem Ärzte da, die das Ganze begutachten und erst mal eruieren, ob es wirklich angebracht ist oder nicht.« Till (23:110)

Einem gerichtlichen Beschluss müssten die Ärzte Folge leisten, unabhängig davon, ob sie diese Auffassung teilten. Ärztliche Mitarbeiter bezögen außerdem die Angehörigen mit in die Behandlung ein.

»Sonst Angehörigengespräche natürlich, oft so Kurzkontakte, manchmal auch gezielt, dass man Dinge anspricht, sowohl von der Pflege als auch von den behandelnden Ärzten oder von der Psychologin.« Helmut (27:60)

3.3.8.2.2 Intervenierende Bedingungen

Das GK berichtete, dass die veränderte Rechtslage als intervenierende Bedingung das Handeln und die Handlungsoptionen der ärztlichen Kollegen beeinflusse. Das Verhältnis zwischen Arzt und Patient habe sich aber seit der Gesetzesänderung nicht maßgeblich verändert.

»Ich denke, es sind andere Faktoren, die sich über die Jahre entsprechend verändert haben, aber nicht gerade speziell die Rechtsgrundlage.« Ralf (2:43)

3.3.8.2.3 Konsequenzen aus den gewählten Strategien

Einige befragte Teilnehmer gaben an, dass die Ärzte eine wichtige Rolle für die Patienten spielten, da sie die Medikamente verordneten. Dies habe zur Folge, dass die Anwesenheit des Arztes in konflikthaften Situationen einen Einfluss auf die Patienten ausübe, bis hin zu einer freiwilligen Medikamenteneinnahme.

»(...) ich denke, dass der Arzt eine wichtige Rolle spielt, der mit dabei ist in der Situation, weil eben es geht um die Medikation. Medikamente werden in der Regel mit den Ärzten assoziiert (...) und ich denke (...), dass der Arzt für die Patienten noch einmal eine gesonderte Rolle hat, wenn der Arzt jetzt kommt, dann ist die Latte ziemlich hoch gehängt, würde ich jetzt mal sagen.« Persepolis (24:42)

3.3.8.3 Angehörige

Auffallend war, dass die Angehörigen in den Interviews des befragten GK kaum eine bis gar keine Rolle spielten.

3.3.8.3.1 Strategien

Das GK berichtete, dass die Angehörigen die Patienten in die Klinik brächten, um sie behandeln zu lassen. Falls dies nicht passiere, machten sie dem GK Vorwürfe.

> *»Ja, sie machen uns jetzt dann schon Vorwürfe (...) und wenn wir jetzt nichts machen, dann sind sie jetzt auch ziemlich massig. Wieso wir nichts machen.« Johanna (26:36)*

3.3.8.3.2 Intervenierende Bedingungen

Von den Befragten wurde beschrieben, dass sich die Angehörigen durch den Klinikaufenthalt eine Besserung des Zustandes der Patienten erhofften.

> *»Dann ist es halt für die Angehörigen schwer, weil die bringen sie (Anm. Patienten) ja eigentlich, damit wir sie wieder so machen, dass sie draußen leben können.« Johanna (26:20)*

3.3.8.3.3 Konsequenzen aus den gewählten Strategien

Die befragten Teilnehmer aus der Gruppe des GK fühlten sich durch das Verhalten der Angehörigen unverstanden.

> *»Die (Anm. die Angehörigen) verstehen einfach nicht, dass uns die Hände gebunden sind.« Johanna (26:39)*

3.4 Gruppe ärztliche Mitarbeiter

Aus der Gruppe der ärztlichen Mitarbeiter konnten insgesamt sechs Teilnehmer für die Untersuchung gewonnen werden.

3.4.1 Beschreibung des Phänomens

Die Befragten beschrieben drei verschiedene Varianten des Problems:
- Der Patient hört ohne Absprache auf Medikamente zu nehmen.
- Der Patient nimmt weniger Medikamente als verordnet.
- Der Patient verweigert die Behandlung ganz.

3.4.2 Ursachen des Phänomens

Die Ansichten der ärztlichen Mitarbeiter hinsichtlich der für das Phänomen verantwortlichen Ursachen ließen sich in vier Unterkategorien einteilen:

- Fehlende Behandlungs-/Krankheitseinsicht
- Positives Erleben der Symptome
- Misstrauen gegenüber dem Versorgungssystem
- Fehlender Überblick über die Folgen der Verweigerung

3.4.2.1 Fehlende Krankheits-/Behandlungseinsicht

Die Teilnehmer gaben an, dass die betroffenen Patienten meist weder krankheits- noch behandlungseinsichtig seien und es ihnen an Einwilligungsfähigkeit mangele.

> *»Und andere werden sagen, ja nein, da bleibe ich dabei. Möglicherweise auch in Verkennung, weiter anhaltendender Verkennung durch die Krankheit, die einfach die Einsichtsfähigkeit mindert. Oder weil sie es für sich selber entscheiden, es war schon gut, dass ihr mich nicht behandelt habt.« Angi (19:51)*

3.4.2.2 Positives Erleben der Symptome

Manche Patienten wollten keine Medikamente nehmen, da sie die durch die Krankheit verursachten Symptome als positiv erlebten. Deshalb würden sie gerne im Krankheitszustand verbleiben.

> *»Mit manischen Patienten, da ist das ein bisschen anders. Die sind antriebsgesteigert und manche genießen diesen Zustand (...) Und aus diesem Zustand heraus will ich mich nicht behandeln lassen, denn dann komme ich runter auf den Boden und werde so wie die anderen auch.« Amanda (8:16)*

3.4.2.3 Misstrauen gegenüber dem Versorgungssystem

Laut den ärztlichen Mitarbeitern sei ein weiterer möglicher Grund für eine Verweigerung der Patienten ihr fehlendes Vertrauen ins Versorgungssystem. Die Patienten behaupteten, sie seien erst durch die Psychiatrie oder die Medikamente krank geworden. Sie litten unter einem gestörten Realitätsbezug oder hätten für Außenstehende irrationale Gründe.

> *»Viele behaupten ja, dass sie durch die Psychiatrie überhaupt erst krank gemacht worden wären.« Heiner (21:2)*

3.4.2.4 Fehlender Überblick über die Folgen der Verweigerung

Die Befragten berichteten, dass die Patienten die langfristigen Folgen der Verweigerung wie Zwangsmaßnahmen oder eine Verschlechterung des Zustands nicht überblicken könnten. Dies sei ein Grund dafür, dass sie verweigerten.

> *»In dem Moment, wo der Patient nicht einwilligungsfähig ist, also selber die Folgen seiner Verweigerung nicht überblicken kann«* Angi (19:26)

3.4.3 Konsequenzen aus dem Phänomen

Befragte aus der Gruppe der ärztlichen Mitarbeiter beschrieben folgende Konsequenzen, die aus dem Phänomen resultierten:

- Negative Folgen für die Patienten
- Negative Folgen für die Angehörigen

3.4.3.1 Negative Auswirkungen auf die Patienten

Die teilnehmenden Ärzte beschrieben verschiedene negative Auswirkungen des Phänomens auf die Patienten. Die Erkrankung der Patienten bleibe während des stationären psychiatrischen Aufenthalts unbehandelt. Außerdem verlängere sich gegebenenfalls der Aufenthalt oder die Patienten würden unbehandelt entlassen.

> *»Jetzt die Dame, von der wir eben gesprochen haben, die ist jetzt auch schon seit November, glaube ich, da – also ein halbes Jahr bisher schon – und davor auch relativ häufig. Aber nachdem da eben keine Handhabe bestand, ist sie dann immer entlassen worden.«* Heiner (21:61)

Es komme somit zu keiner Verbesserung der Symptomatik. Langfristig drohe ein sozialer Abstieg der Patienten.

> *»Also es ist ja auch häufig, den Patienten geht es einfach so schlecht und sie sind so auffällig, dass sie quasi nicht sozial verträglich sind, dass sie einfach draußen nicht richtig funktionieren, mit der Familie nicht mehr zurechtkommen, soziale Strukturen zusammenbrechen, Wohnung verlieren, Job verlieren, was weiß ich.«* Andy (20:27)

3.4.3.2 Auswirkungen auf die Angehörigen

Befragte aus der Gruppe der ärztlichen Mitarbeiter schilderten, dass sich die Angehörigen, bedingt durch die ausbleibende Besserung des Zustands und Unveränderlichkeit der Lage, nach und nach zurückzögen. Angehörige und ärztliche Mitarbeiter stünden dem Phänomen machtlos gegenüber und resignierten.

»Die Angehörigen, ja, die machen das schon länger mit und sind da jetzt tatsächlich etwas zurückgezogener bei Gesprächen über die weitere Zukunft, weil da wurde ja in der Vergangenheit schon häufig über weiteres Prozedere gesprochen (...), aber irgendwann hat man das Gefühl, reicht es denen eben auch, wenn die sehen oder auch die Machtlosigkeit erleben, dass sich ja nichts ändert.« Heiner (21:49)

3.4.4 Strategien der ärztlichen Mitarbeiter

Die Handlungsstrategien der ärztlichen Mitarbeiter zum Umgang mit dem Phänomen reichten von Gesprächen und Verhandlungen mit den Patienten über eine Stärkung der Autonomie bis hin zur Androhung und Anwendung von Zwangsmaßnahmen.

Konkret genannt wurden:

- Beziehungsaufbau und Vertrauensbildung
- Einbezug von Angehörigen in die Behandlung
- Gespräche und Verhandlungen mit den Patienten
- Einsatz von Medikamenten
- Möglichkeiten einer Behandlung ohne Zwangsmaßnahmen
- Patientenorientierte Behandlung
- Schaffen positiver Rahmenbedingungen in der Klinik
- Zwangsmaßnahmen

3.4.4.1 Beziehungsaufbau und Vertrauensbildung

In dieser Unterkategorie wurden Strategien gesammelt, in denen die Ärzte ihre Bemühungen um eine tragfähige Behandlungsbeziehung beschrieben. Beziehungsarbeit sei wichtig, da sie auch helfe, Zwangsmaßnahmen zu verhindern.

»Weil man ja ansonsten bei den meisten Patienten erst mal versuchen würde, über Beziehungsarbeit, über viele andere Zugänge versuchen würde, eine Zwangsbehandlung zu vermeiden.« Angi (19:22)

Dabei sei auch das GK von entscheidender Bedeutung. Außerdem solle eine individuelle Betreuung angestrebt werden. Diese Aspekte würden helfen, Vertrauen aufzubauen.

»Wir sind ja für ihn da und irgendwann merkt er, wir wollen ihn nicht umbringen, wir wollen ihm nichts Böses. Das ist oft der Grund, dass jemand sich bereit erklärt.« Pascuale (22:21)

Zur Vertrauensbildung diene auch ein authentischer Umgang und eine Zusicherung der Wahrung der Persönlichkeitsrechte.

»Wenn wir jetzt dem Patienten sagen, Sie sind hier bei uns, Sie sind auch nicht freiwillig hier, Sie sind hier, weil ein Gericht gesagt, Sie müssen hier sein. Aber Sie können sich trotzdem darauf verlassen, dass die Menschenwürde gewahrt bleibt.« Ferdinand (9:57)

Im Umgang mit den Patienten versuchten die Ärzte, Verständnis für deren Situation aufzubringen.

»Und im Nachhinein, wie gesagt, sehe ich sie dann als Kranke an und dass sie deshalb nichts dafür können, irgendwie so.« Andy (20:34)

3.4.4.2 Einbezug von Angehörigen in die Behandlung

Die ärztlichen Mitarbeiter schilderten, dass sie die Angehörigen der Patienten in die Behandlung mit einbezögen.

»Es gibt jetzt nicht so was, dass wir sagen, nach einer gewissen Weile, jetzt müssen sie her, aber wenn wir merken, es ist sinnvoll, sie anzusprechen, dann machen wir das auch.« Pascuale (22:56)

Ein Teilnehmer gab hingegen an, dass dies vor allem bei länger erkrankten Patienten nicht immer sinnvoll sei.

Gespräche zwischen Angehörigen und Ärzten kämen vor allem dann zustande, wenn die Patienten dies wünschten. Angehörige seien für die Patienten wichtig. Sie könnten die Patienten zu einer Behandlung motivieren und dabei unterstützen.

3.4.4.3 Gespräche und Verhandlungen mit den Patienten

Die befragten Ärzte berichteten, Gespräche seien hilfreich, um die Patienten zur Medikamenteneinnahme zu bewegen. Durch Gesprächsangebote und Dialog erhalte man einen Zugang zur Welt des Patienten und dies biete eine Möglichkeit, eine etwaige Verweigerungshaltung zu überwinden.

»Und dann ist es ganz wichtig, im Gespräch Brücken zu bauen. Also, das ist zum Teil auch eine Frage der Gesprächsführung (...) man kann da manchmal auch in so eine Schiene reinkommen, in der man nicht die Alternative aufgibt, Zwangsbehandlung ja oder nein, sondern Wahlmöglichkeiten eröffnet.« Amanda (8:69)

Gespräche würden dazu genutzt, Patienten noch einmal die Umstände des Klinikaufenthaltes zu erklären, wenn sie den stationären Aufenthalt vorzeitig beenden wollten. Des Weiteren würden Patienten im Gespräch Wahlmöglichkeiten eröffnet, sie könnten beruhigt werden, zur Reflexion angeregt werden und man könne sie besser kennenlernen. Die ärztlichen Mitarbeiter gaben an, dass sie versuchten, den Patienten ihren Standpunkt zu erklären. Einige kamen auf die quälenden Symptome der unbehandelten Krankheit zu sprechen, um die Patienten zu einer Behandlung zu bewegen.

Um zu einer gemeinsamen Einigung zu kommen, versuchten die ärztlichen Mitarbeiter, mit den Patienten über eine Medikamenteneinnahme zu verhandeln. Gegebenenfalls könne mittels eines Kompromisses eine gemeinsame Lösung gefunden werden. Auch sei ein Behandlungserfolg durch beharrliches Verhandeln zu erreichen.

»Und das versuchen wir dann irgendwie so zu besprechen, dass es alle verstanden haben und in der Regel findet man dann einen Kompromiss.« Pascuale (22:73)

3.4.4.4 Einsatz von Medikamenten

Die befragten Ärzte gaben an, dass vor dem Einsatz von Medikamenten die Vor- und Nachteile für die Patienten abgewogen würden.

»Die Schwierigkeit ist, wir wissen eben nicht, wer da langfristig von so einer Behandlung profitiert und wem sie mehr schadet. Und so lange es so ist, dass wir das nicht wissen, glaube ich, ist da so eine gewisse Vorsicht angezeigt und dann geht es nur über Informed Consent.« Ferdinand (9:44)

Weiterhin kläre man die Patienten über mögliche Nebenwirkungen auf. Im Laufe der Einnahme sprächen die behandelnden Ärzte Nebenwirkungen aktiv an. Träten belastende Nebenwirkungen auf, könne auch ein anderes Medikament gewählt werden. Die Medikamente in ärztlicher Begleitung abzusetzen, sei eine Möglichkeit, eine Verweigerung zu verhindern.

»Also, wenn wir an dem Punkt sind, wissen wir ja schon, der wird das weglassen, und dann verlagern wir das in der Regel in die Behandlung rein und sagen, o.k. (...) Dann schlagen wir vor, wir reduzieren und setzen jetzt ab und zwar jetzt in der Behandlung. (...) Und wir machen mit denen einen Absetzvertrag, wo die meisten Fragen auch drinstehen.« Pascuale (22:45)

3.4.4.5 Möglichkeiten einer Behandlung ohne Zwangsmaßnahmen

In dieser Unterkategorie wurden von den Ärzten genannte Strategien zum Umgang mit dem Phänomen eingeordnet, die den Verzicht auf Zwang zum Thema hatten. Einige Teilnehmer lehnten Zwangsmaßnahmen in Form von Sicherungsmaßnahmen oder Zwangsmedikationen generell ab.

»Es gibt ja viele andere Dinge, die wir machen können und wo wir die Würde und die körperliche Unversehrtheit nicht berühren.« Ferdinand (9:32)

Ein Teilnehmer vertrat die Ansicht, dass eine Zwangsmedikation immer eine Verletzung des Persönlichkeitsrechts darstelle, unabhängig von der Einwilligungsfähigkeit des Patienten.

»Es geht auch ohne medikamentöse Zwangsbehandlung in der Psychiatrie. (...) Es ist doch gar nicht einzusehen, wieso die Menschenrechte, also das Recht

auf körperliche Unversehrtheit, dass das weniger gilt, nur weil jemand nicht einwilligungsfähig hinsichtlich einer Behandlung ist.« Ferdinand (9:2)

Andere Teilnehmer standen Medikamenten im Allgemeinen skeptisch gegenüber.

»Weil die brauchen aus unserer Sicht keine Medikamente, mindestens keine Neuroleptika. Die brauchen in der Regel ein bisschen Schlaf und Betreuung.« Pascuale (22:8)

Statt Zwangsmaßnahmen anzuwenden, könne deeskaliert werden. Auch bei Selbst- oder Fremdgefährdung müsse Zwang nicht angewendet werden.

»Ja, da gibt es ganz arg viel im Bereich Deeskalation. Da werden auch unsere Leute geschult. Da gibt es verschiedenste Techniken. Es geht in erster Linie darum, gewalttätige Auseinandersetzungen zu vermeiden.« Amanda (8:18)

Um Zwangsmaßnahmen zu vermeiden, müsse bereits vor einem klinischen Aufenthalt eingegriffen werden. Patientengerechtere Behandlungsstrukturen seien durch integrierte Versorgung und aufsuchende Behandlung zu gewährleisten. Solche Maßnahmen könnten schwer zu behandelnde Patienten früher abfangen.

»Das sind die Sachen, die wir schon machen, und was man noch viel mehr machen kann, wäre natürlich Home Treatment.« Ferdinand (9:59)

Sind die Patienten dann in der Klinik, seien ausreichend Personal, Training in Deeskalation und Gespräche nötig. Die Teilnehmer gaben an, dass mit den Patienten verhaltens- und psychotherapeutisch gearbeitet werden könne.

3.4.4.6 Patientenorientierte Behandlung

Die ärztlichen Mitarbeiter beschrieben verschiedene Handlungsstrategien, die eine Stärkung der Selbstbestimmung der Patienten ermöglichten. Individuelle Entscheidungen der Patienten sollten respektiert werden. Beim Verfassen von Patientenverfügungen könnte eventuell eine ärztliche Unterstützung bei der Entscheidungsfindung erfolgen.

Als weiteres Instrument der Willenserklärung könnte eine Behandlungsvereinbarung dienen. Solche Vereinbarungen und Verfügungen könnten helfen, Zwangsmaßnahmen zu verringern.

»Ob es irgendwelche Instrumente gibt, Behandlungsvereinbarungen, Patientenverfügungen, die dazu führen, dass es weniger zu Zwangsmaßnahmen, Zwangseinweisungen kommt.« Angi (19:119)

Um ein Verständnis für die Erkrankung zu schaffen und Informationen zu vermitteln, helfe die Teilnahme an einer psychoedukativen Schulung. Dadurch könnten die Patienten verstehen, warum eine Behandlung nötig sei, und so eine fundierte Entscheidung treffen.

»Es wird ja immer versucht durch Psychoedukation, denen das schrittweise nahezubringen, warum, und auch die prophylaktische Wirkung zu erklären.« Heiner (21:5)

Eine patientenorientiertere und patientengerechtere Behandlung sei durch verschiedene Maßnahmen möglich. Dazu gehöre der Versuch, sich in die Patienten hineinzuversetzen und sie zu wertschätzen. Ihre Erfahrungen mit Behandlungen und Medikamenten und ihre Meinung sollten in die Therapieentscheidungen mit einbezogen werden. Entscheidend sei es, den Patienten Zeit zu geben und Geduld zu haben.

> *»(...) und so nach ein paar Wochen, oder auch irgendwie vielleicht nach ein paar Monaten so zäher Verhandlung und dabei bleiben, hat sich dann in fast allen Fällen auch eine einvernehmliche Behandlungsplanung ergeben.« Ferdinand (9:37)*

> *»Also, da lassen wir wirklich große Freiheiten. Im Gegenteil, wir finden es sehr toll, wenn ein Patient selber mitdenkt und selber sagt, ich möchte das und das aus dem und dem Grund nicht mehr.« Pascuale (22:80)*

Ein Teilnehmer merkte an, dass letztendlich die Patienten entschieden, ob sie die Medikamente einnähmen oder nicht.

> *»Aber das ist natürlich eine Sache, die ich nicht entscheiden kann, sondern die der Patient entscheiden muss.« Pascuale (22:51)*

3.4.4.7 Schaffen positiver Rahmenbedingungen in der Klinik

Um positive Rahmenbedingungen in der Klinik zu erreichen, müsse genügend Personal eingestellt werden, die Stationen sollten offen geführt werden und die Räumlichkeiten sollten einladend und sauber sein. So könnten sich die Patienten wohlfühlen und sich auf eine Behandlung einlassen.

> *»Das heißt, die Stationen müssten offen sein, man müsste dementsprechend genug baulich so sein, dass man die Patienten – den Ausgang – einigermaßen im Blick hat.« Angi (19:57)*

Für Patienten mit negativen Vorerfahrungen könnte eine Station mit entsprechenden Ressourcen geschaffen werden.

> *»Dass man vielleicht auch eine Station bieten sollte (...), die sich speziell um dieses Klientel kümmert (...). Dass es irgendwo diese Station gibt für Patienten, wo man noch mal bei null anfangen kann und wo sie dann vielleicht auch mehr annehmen können.« Pascuale (22:86)*

3.4.4.8 Zwangsmaßnahmen

Die befragten ärztlichen Mitarbeiter gaben an, dass es verschiedene Abstufungen von Zwang gebe. Die mildeste Form beinhalte primär die Androhung von Ausgangsentzug. Darauffolgend könnte bereits die Möglichkeit der Androhung einer Zwangsmedikation ausreichen, um die Patienten zur Medikamenteneinnahme zu bewegen. Auch durch den Druck einer unfreiwilligen Unterbringung wären manche Patienten bereit, Medikamente zu nehmen.

»Also es gibt – die mildeste Form ist, dass man tatsächlich dem Patienten sagt: Hören sie zu, wie Sie drauf sind, wenn Sie keine Medikamente nehmen, können wir Ihnen keinen Ausgang geben oder Sie können am Wochenende nicht nach Hause.« Amanda (8:3)

Die Teilnehmer gaben an, dass Zwangsmedikationen generell selten vorkämen und nur dann nötig seien, wenn die Patienten sonst nicht erreichbar seien. Manchmal seien sie die einzige Möglichkeit, eine Situation zu deeskalieren.

»(...) wüsste ich nicht, wie man da die Situation anders deeskalieren kann.« Andy (20:53)

Ebenfalls könne eine Zwangsmedikation in einem zeitlich begrenzten Rahmen durchgeführt werden. Die Teilnehmer merkten an, dass jede Zwangsmedikation eine Einzelfallenscheidung und abhängig von Nutzen und Risiken für die Patienten sei. Sie begrüßten es, dass ein Richter als externe Kontrollinstanz prüfe, ob die Verhältnismäßigkeit gegeben sei.

»Und bei einer Zwangsbehandlung muss man natürlich zwei Sachen abwägen. Das eine ist, kann die Behandlung als solche schädlich sein? Und die andere Sache, der andere Schaden, ist natürlich die Traumatisierung. Und das muss man natürlich gegeneinander abwägen.« Amanda (8:85)

Die befragten Ärzte berichteten, jede Zwangsmaßnahme werde mit dem betroffenen Patienten ausführlich nachbesprochen.

3.4.5 Intervenierende Bedingungen der ärztliche Mitarbeiter

In dieser Kategorie wurden die Faktoren gesammelt, die die Handlungsstrategien modifizierten. Folgende einflussnehmende Faktoren wurden genannt:

- Der Patient selbst
- Die Gesellschaft
- Einstellungen zu Medikamenten
- Verständnis der eigenen Arztrolle

3.4.5.1 Der Patient selbst

Die Wahl der Strategien wurde nach Aussagen der ärztlichen Mitarbeiter unter anderem vom Patient selbst, seinem Verhalten und seinen Möglichkeiten beeinflusst. Ob Patienten eine Behandlung akzeptierten und wie erfolgreich die Therapie sei, hinge davon ab, ob die Patienten verstehen könnten, was man mit ihnen vorhätte.

»Und da ist wichtig, verstehen die Patienten, was man mit ihnen vorhat.« Amanda (8:100)

Die Dringlichkeit einer Behandlung hänge davon ab, wie akut die Selbst- oder Fremdgefährdung sei, die von den Patienten ausgehe. Davon sei auch abhängig, ob die ärztlichen Mitarbeiter Zwangsmaßnahmen anstrebten.

»Also, wenn der zunehmend agitiert, erregt wird und dann auch fremdgefährdend wird. Oder wenn er auch sich selbst zunehmend gefährdet. Das sind nicht mal Zeichen der Suizidalität, sondern dann auch wirklich eigene Vernachlässigung, das ist dann eher ein längerer Zeitraum. (...) Oder anderweitige somatische Erkrankungen vernachlässigt.« Angi (19:88)

Verweigerten die Patienten die Behandlung, sahen manche ärztliche Mitarbeiter dies als Chance für einen Gesprächseinstieg. Zeigten sich die Patienten dann ambivalent in Bezug auf die Medikamenteneinnahme, konnten die Ärzte dies dazu nutzen, sie von einer Behandlung zu überzeugen.

»Die sind ja sehr ambivalent. Die Ambivalenz können wir aber auch manchmal ausnützen.« Amanda (8:21)

Die teilnehmenden ärztlichen Mitarbeiter nahmen die Patienten hauptsächlich unter dem Aspekt der Krankheit wahr. Wie krank die Patienten auf sie wirkten, war entscheidend für die Wahl ihrer Strategien im Umgang mit ihnen und für die Bewertung ihres Verhaltens. Dies gab schlussendlich auch den Impuls zu einer möglichen Zwangsmaßnahme. Die Teilnehmer berichteten, dass die Bewertung zudem abhängig davon sei, ob die Patienten im Gespräch erreichbar seien und ihr Verhalten reflektierten. So entstehe die Einschätzung, ob die Patienten zur freien Willensäußerung fähig seien.

»Aber gerade jetzt hier, auf dieser Station, gibt es ja viele [chronisch kranke Patienten], mit denen man darüber jetzt so gar nicht ins Gespräch kommen kann, die also so chronifiziert sind, einen so eingeschränkten Willen, also zu einer Willensäußerung eigentlich kaum in der Lage sind.« Heiner (21:6)

Wenn der behandelnde Arzt die Patienten bereits über einen längeren Zeitraum kenne, wisse er auch, wie die Patienten auf Medikamente reagierten und tendiere dann gegebenenfalls zu medikamentösen Zwangsmaßnahmen.

»Aber da man die Patienten gut kennt und deren Verläufe gut kennt, weiß man ja häufig, wie die unter Medikation sind. (...) Deshalb ist es da ja auch ganz schwierig, da so abzuwägen in der aktuellen Situation.« Angi (19:25)

3.4.5.2 Gesellschaft

Einige teilnehmende Ärzte berichteten, dass die Gesellschaft für die momentane Lage mitverantwortlich sei. Sie betonte zwar einerseits die Autonomie, grenzte psychisch kranke Menschen aber aus. Sie erwartete sich von der Institution »Psychiatrie« Sicherheit vor psychisch Kranken.

»Und jeder Psychiater, ich verstehe jeden Psychiater, wenn er sagt, ich möchte möglichst wenige Medikamente ausschleichen. Weil ich weiß, dass die von allen

Seiten auch ziemlichen Ärger kriegen und so, wenn was passiert.« Pascuale (22:102)

Hingegen müsste psychisch kranken Menschen mehr Verständnis und Akzeptanz entgegengebracht werden, damit sie mehr Möglichkeiten zur Partizipation hätten.

»Und es ist so, dass man eben dadurch auch, dass die (Anm. die Patienten) dann eben auch mehr Möglichkeiten in der Gesellschaft haben müssen. Dann geraten sie auch schon nicht mehr so ins Abseits, werden vielleicht auch früher wahrgenommen, wenn es ihnen nicht gut geht, haben mehr Verständnis in der Bevölkerung, allein schon in den Familien. (...) dass eben psychische Erkrankungen breiter akzeptiert werden und auch die Inklusion, die gesellschaftliche Teilhabe, von solchen Menschen befördert wird. Das es sozusagen etwas normaler wird alles.« Angi (19:64)

3.4.5.3 Einstellungen zu Medikamenten

Die medikamentöse Behandlung psychischer Störungen wurde von ärztlicher Seite als besonders relevant bewertet. Medikamente verbesserten die Symptomkontrolle, könnten chronische Verläufe abwenden und seien notwendig, um eine akute Psychose zu beenden.

»Jetzt sind zum Beispiel zwei manische Patienten da, wo bedingt durchaus eine gewisse Chronifikation möglich ist und die (Anm. die Patienten) dann eben auch begrenzt, immer mal wieder, eins von zwei angesetzten Medikamenten nehmen und wodurch eine leichte, tendenzielle Verbesserung eben erreicht werden kann.« Heiner (21:67)

Jedoch dürfe man mögliche Risiken und Nebenwirkungen nicht außer Acht lassen, da Spätfolgen teilweise nicht ausreichend erforscht seien. Auch seien die Patienten teilweise mangelhaft darüber aufgeklärt.

»Es ist ja auch so, dass gerade bei den Medikamenten, um die es in der Debatte geht, Neuroleptika, ist überhaupt nicht geklärt, ob die langfristig mehr nützen als schaden. Die helfen natürlich kurzfristig zur Symptomkontrolle. Aber ob die langfristig unseren Patienten nicht mehr schaden als nützen, ist überhaupt nicht geklärt.« Ferdinand (9:41)

3.4.5.4 Verständnis der eigenen Arztrolle

Das Verständnis der eigenen Arztrolle setzte sich aus der fachlichen Kompetenz und der durch die berufliche Erfahrung erworbenen Expertise zusammen. Der Umgang mit dem Phänomen wurde maßgeblich durch das individuelle Rollenverständnis bestimmt.

Befragte aus der Gruppe der ärztlichen Mitarbeiter beschrieben, dass eine paternalistischen Haltung gegenüber den Patienten zur Verhinderung von Schaden dienen könne. Es sei aber nicht mehr zeitgemäß, den Behandlungsalltag nach dieser Prämisse zu gestalten. Die Teilnehmer sprachen sich gegen eine solche Grundhaltung aus. Sie befürchteten aber, dass Patienten ohne die Möglichkeit der Zwangsmedikation unnötigerweise leiden würden bzw. sich selbst und anderen Schaden zufügen könnten.

»Das ist dann auch eine paternalistische Haltung, aber diente natürlich auch zur Verhinderung von Schlimmeren. Das ist so die Idee dahinter gewesen. (...) Aber die eigentliche paternalistische Grundhaltung, also die Idee, mein Behandlungsrecht steht über dem Persönlichkeitsrecht des Patienten, das geht natürlich gar nicht.« Angi (19:38)

Aufgrund ihrer beruflichen Kompetenz seien die ärztlichen Mitarbeiter in der Lage, eine Situation einzuschätzen, zu bewerten und eine Empfehlung für die Notwendigkeit von Medikamenten auszusprechen, gegebenenfalls auch als Zwangsmedikation. Die Teilnehmer gaben an, dass sie aufgrund der veränderten Rechtslage nun nicht mehr ihrer beruflichen Kompetenz entsprechend entscheiden könnten.

»Und es (Anm. die Patienten unbehandelt lassen) ist meines Erachtens auch ein Verstoß gegen die Menschenwürde. Es ist ein Verstoß gegen das Recht auf Behandlung von Menschen mit Behinderung, also Behindertenrechtskonvention.« Amanda (8:78)

3.4.6 Konsequenzen aus den Strategien

In dieser Kategorie wurden die Auswirkungen ärztlicher Handlungsstrategien gesammelt. Genannt wurden Konsequenzen der folgenden Strategien:

- Beziehungsaufbau und Vertrauensbildung
- Verhandeln/patientenorientiert
- Zwangsmaßnahmen
- Patienten unbehandelt lassen

3.4.6.1 Auswirkungen der Strategie »Beziehungsaufbau und Vertrauensbildung«

Die Teilnehmer beschrieben, dass durch einen Beziehungsaufbau zu den Patienten ein stabiles, langfristiges Behandlungsbündnis entstehe, welches Vertrauen schaffe und den Patienten zur Überwindung der Verweigerung verhelfen könne.

»Und ich habe noch nie erlebt, dass dann jemand es (Anm. die Medikamente) nicht wollte. Der Patient hat eine Beziehung in gewisser Weise, hat ein Vertrauen

(...) er weiß, dass er mit entscheiden kann. Und das sind meist die Sachen, die jemanden dazu motivieren, motivieren ist vielleicht das falsche Wort, die ihn dazu bringen, o.k., ich probiere das mal.« Pascuale (22:23)

3.4.6.2 Auswirkungen der Strategien »Verhandeln/patientenorientiert«

Die Strategie »Verhandeln« wurde als ressourcenintensiv bewertet. Es werde mehr Personal benötigt und es verlängere sich der Aufenthalt der Patienten in der Psychiatrie. Es entstünden so zum einen höhere Kosten, zum anderen sei das Personal, vor allem das GK, belastet durch »Dauerverhandlungen« über die Medikamenteneinnahme. Einige Teilnehmer bezweifelten, dass die herkömmliche Psychiatrie dies leisten könne.

»Ein sehr zeitaufwendiges Aushandeln von Autonomieprozessen ist in der Psychiatrie wenig und in der somatischen Medizin überhaupt gar nicht vorgesehen.« Amanda (8:106)

Jedoch beinhalte eine patientenzentrierte Behandlungsweise eben auch Verhandlungen. Werde den Patienten Zeit gelassen, auf ihre Wünsche eingegangen, ihre Meinung berücksichtigt und mit ihnen verhandelt, seien sie eher bereit, zu kooperieren und Medikamente einzunehmen. So könnten Zwangsmaßnahmen verringert werden und die Patientenzufriedenheit nehme zu.

»Also, sobald sie das Gefühl haben, ich bleibe handelndes Subjekt und werde hier nicht verfügt, sondern darf etwas mitbestimmen, da kippt man.« Amanda (8:77)

3.4.6.3 Auswirkungen der Strategie »Zwangsmaßnahmen«

Die Befragten berichteten, einige Patienten kooperierten, wenn durch die Androhung einer Zwangsmedikation oder durch Ausgangsentzug Druck auf sie ausgeübt würde.

»(...) dass sie (Anm. eine Patientin) eben unter dem Druck und unter dem Wissen, dass eben auch weitere Spritzen genehmigt sind, eben das jetzt als Tabletten einnimmt. (...) dass die (Anm. die Patienten) das dann zumindest so weit einsehen, wenn sie jetzt hier gar nichts mitmachen, dass sich dann eben der Zustand nicht bessert, sie dann auch keinen Ausgang bekommen, dass unter solchen Bedingungen eben auch ein gewisser Druck aufgebaut wird, dass man zumindest teilweise mitmacht.« Heiner (21:18)

Es wurden sowohl positive als auch negative Auswirkungen von Zwangsmaßnahmen auf die Patienten beschrieben.

Eine negative Folge sei, dass Zwangsmaßnahmen bei manchen Patienten ein abwehrendes Verhalten auslösten und sie die Beteiligten beschimpften.

»Er war schon ziemlich massig, angespannt, hat auch sich versucht zu wehren.« Andy (20:23)

Als weitere negative Konsequenzen nannten die Befragten, dass eine Zwangsmedikation entwürdigend sei, dass sie die Patientenautonomie beeinträchtige und eine Traumatisierung zur Folge haben könne.

»Ja, die (Anm. Patientenautonomie) wird natürlich in dem Moment der Zwangsmedikation nicht so gewahrt.« Heiner (21:43)

Daraus folgend könne die therapeutische Beziehung zerstört werden.

»Wobei manche Patienten davon auch traumatisiert wurden (...) auch damit kann man dem Patienten so schaden, dass er sich nicht wieder vorstellt.« Angi (19:20)

Andere Teilnehmer gaben an, dass sie keine Beeinträchtigung hätten feststellen können und die Compliance nicht verschlechtert sei.

»Aus meiner Erfahrung her, glaube ich, ist es auch so, dass schwer psychotische Patienten, sehr wahnhafte Patienten, wenn die zwangsmediziert werden müssen, sobald es ihnen wieder besser geht, nehmen sie es einem im Nachhinein auch nicht so schlimm. Schließlich hat es ihnen geholfen, dass es ihnen jetzt besser geht.« Andy (20:28)

Die Teilnehmer werteten positiv, dass eine Zwangsmedikation zu einer Symptomverbesserung führen könne und die Kommunikation mit dem Patienten damit ermöglicht würde.

Einige Patienten hätten die Maßnahme im Nachhinein befürwortet und wären zu einer Kooperation im weiteren Behandlungsverlauf bereit gewesen.

»Wenn man guckt, was die Betroffenen sagen, wie schlimm das gewesen sei und so, dass es den ein oder andern gibt, der sagt: ›Jetzt habe ich mich für die Behandlung selber entschlossen, jetzt mache ich das‹.« Amanda (8:128)

3.4.6.4 Auswirkungen der Strategie »Patienten unbehandelt lassen«

Die befragten ärztlichen Mitarbeiter beschrieben diese Strategie nicht als eine, die sie absichtlich wählten, sondern als eine Konsequenz aus der rechtlichen Lage.

»Das Problem (Anm. des rechtlichen Vakuums) ist natürlich, dass manche Patienten unbehandelt bleiben.« Amanda (8:61)

Durch ein Ausbleiben der Behandlung verlängere sich der stationäre Aufenthalt.

»Was ich schon denke, dass die Aufenthaltsdauer sich ein bisschen verlängert hatte in der Zeit.« Andy (20:45)

Auch sei mangels Behandlung keine Besserung der Symptomatik festzustellen. In manchen Fällen würden diese sogar straffällig. Bei unbehandelt entlassenen Patienten sei es zu einer Verschlimmerung des Zustands gekommen.

Diese Situation empfanden die Ärzte als unterlassene Hilfeleistung. Sie werteten sie als Verstoß gegen die Medizinethik.

»Und es ist meines Erachtens auch ein Verstoß gegen die Menschenwürde. Es ist ein Verstoß gegen das Recht auf Behandlung von Menschen mit Behinderung,

also Behindertenrechtskonvention. Es ist ein Verstoß gegen das medizinethische Gebot, zum Wohl des Patienten zu handeln. Das ist wirklich ein Konflikt.« Amanda (8:80)

Die ärztlichen Mitarbeiter gaben an, dass es einige Patienten befürworteten, nicht behandelt worden zu sein. Andere Patienten sähen dies aber negativ.

»Die (Anm. die Patienten) man nicht behandelt hat, sagen manche, es war sehr gut, dass ihr mich nicht behandelt habt, andere sagen, warum habt ihr mich nicht behandelt.« Angi (19:51)

Bei Angehörigen und Betreuern löse es Frustration aus, wenn Patienten unbehandelt entlassen würden. Sie äußerten Vorwürfe. Andere hingegen brächten den ärztlichen Mitarbeitern Verständnis entgegen.

»Bei den Angehörigen Frust, weil die einfach erleben, dass es ihrem Familienangehörigen, Freund nicht gut geht und dass sich trotz Wochen Behandlung gar nichts tut.« Andy (20:41)

Das GK fühle sich in eine Verwahrpsychiatrie zurückversetzt.

»Ja, es kommen dann natürlich immer Stimmen auf, gerade auch vom Pflegepersonal, was man denn hier so macht, wenn man quasi nichts tun darf, was jetzt schon so eine gewisse Verwahrpsychiatrie ist.« Heiner (21:26)

3.4.7 Wahrnehmung der anderen Gruppen aus Sicht der ärztlichen Mitarbeiter

In diesem Abschnitt soll darauf eingegangen werden, wie ärztliche Mitarbeiter die Rolle von Patienten, Angehörigen und Gesundheits- und Krankenpfleger sahen.

3.4.7.1 Patienten

3.4.7.1.1 Strategien

Die Gruppe der ärztlichen Mitarbeiter beschrieb ähnliche Handlungsstrategien der Patienten wie die Gruppe des GK:

- Über die Medikamenteneinnahme verhandeln
- Mitpatienten zur Verweigerung motivieren
- Juristische Maßnahmen ergreifen

Die Patienten verhandelten mehrmals täglich über die Einnahme von Medikamenten.

Auf der Station herrsche eine angespannte Stimmung, da verweigernde Patienten ihre Mitpatienten motivierten, es ihnen gleichzutun.

»Ich glaube, es gibt einerseits so eine Verbreitung einer Protest- und Antihaltung (...) Das heißt, ich will mich nicht behandeln lassen und ich bin sowieso gegen alles und versuche, die anderen auch dazu zu bewegen, dass die auch gegen alles werden.« Amanda (8:91)

Manche Patienten leiteten juristische Schritte ein, um entlassen zu werden.

»(Anm. die Patientin) hat bei Gericht auch Einspruch erhoben: ›Nein, ich will nicht mehr stationär bleiben‹ und dann wurde der Einspruch vom Gericht auch gehört und da wurde die Patientin ohne medikamentöse Behandlung dann auch aus der stationären Behandlung entlassen.« Ferdinand (9:39)

Betroffenenverbände forderten mehr Geduld der Behandler und die Übernahme der höheren Kosten durch die Krankenkassen. Gleichzeitig achteten sie darauf, dass die Patienten ihr Recht auf eine Patientenverfügung wahrnähmen. Eine Zunahme von Patientenverfügungen sei aber nicht zu verzeichnen.

3.4.7.1.2 Intervenierende Bedingungen

Die ärztlichen Mitarbeiter nannten folgende einflussnehmende Faktoren:

- Behandlungsbereitschaft
- Symptome der Erkrankung

Die Bereitschaft der Patienten, sich für eine Behandlung zu entscheiden, sei von verschiedenen Faktoren abhängig. So sei entscheidend, inwieweit Patienten einsähen, dass überhaupt eine Behandlung nötig sei. Dies werde wiederum davon beeinflusst, wie akut die Erkrankung sei. Hatten die Patienten in der Vergangenheit die Erfahrung gemacht, dass Medikamente ihnen halfen, sei auch zu beobachten, dass sie sich aktiv darum bemühten, Medikamente zu erhalten.

»Ganz selten kommt jemand und sagt, ich will gerne Medikamente. Habe ich fast noch nie erlebt so. Es sei denn, die Menschen sind schon psychoseerfahren und wissen schon, worum es geht. Die sagen das manchmal.« Pascuale (22:61)

Hatten die Patienten in der Vergangenheit negative Erfahrungen in einer psychiatrischen Einrichtung gesammelt, sei es schwieriger, sie von einer Behandlung zu überzeugen.

Die ärztlichen Mitarbeiter beschrieben, dass die Patienten der Behandlung zu Beginn misstrauisch gegenüberstünden.

»Und da ist er natürlich im Patientenmodus. Das heißt, er möchte – er ist erst mal misstrauisch, schaut mal, was ich für einer bin (...).« Pascuale (22:32)

Das Verhalten der Patienten sei durch die Symptome der Erkrankung beeinflusst.

»Es gibt ja dann auch so Fluchtversuche, eher dann natürlich bei Psychotikern, weil die Angst haben, Verfolgungsangst oder so.« Angi (19:90)

3.4.7.1.3 Konsequenzen aus den gewählten Strategien

Entschieden sich die Patienten dafür, Medikamente zu nehmen, könne sich ihr Zustand und ihre Einsichtigkeit bessern.

Die Belastung, die durch die andauernden Verhandlungen für die Beteiligten entstehe, nehme ab.

> *»Es reicht ja häufig, dass die Patienten dann doch Medikamente freiwillig nehmen, was ja für alle Beteiligten am besten ist. Und man erlebt ja häufig, dass sie eine Woche Medikamente nehmen und dann die Krankheitseinsicht wieder da ist und die Behandlungseinsicht wieder da ist und dass es dem Patienten dann besser geht im Verlauf.« Andy (20:23)*

Begeben sich Patienten nach einer traumatisierenden Erfahrung durch eine Zwangsbehandlung nicht mehr in eine stationäre Behandlung, drohe ihnen die Zwangseinweisung.

> *»Wenn er (Anm. der Patient) sich gar nicht mehr an die Klinik wendet (...) da würde er dann einen gesetzlichen Betreuer kriegen und dann zwangsweise in die Klinik kommen.« Angi (19:34)*

3.4.7.2 Angehörige

Insgesamt sprachen die ärztlichen Mitarbeiter wenig über die Gruppe der Angehörigen.

3.4.7.2.1 Strategien

Die ärztlichen Teilnehmer gaben an, einige Angehörige wendeten sich aktiv an die behandelnden Ärzte, um Informationen über die Erkrankung zu erhalten.

3.4.7.2.2 Intervenierende Bedingungen

Die Befragten berichteten, dass auch die Angehörigen in einigen Fällen einen Mangel an Krankheits- und Behandlungseinsicht hätten und sie dadurch eine Behandlung der Patienten verzögerten. Ein Teilnehmer gab an, dass die Angehörigen durch die Patienten terrorisiert würden und dass dies wiederum seinen Umgang mit den Patienten beeinflusse.

> *»Und wenn der Patient – wenn es nicht funktioniert, das rate ich Angehörigen sehr häufig, dass wenn es zu vertreten ist – es geht natürlich nicht, dass jemand jahrelang die Familie tyrannisiert, denke ich einfach.« Pascuale (22:66)*

3.4.7.2.3 Konsequenzen aus den gewählten Strategien

Die Befragten gaben an, dass Streitigkeiten zwischen Angehörigen und Patienten zu einer Zustandsverschlechterung führen könnten.

> *»Das sind ja häufig familiäre Streitigkeiten, die wieder zu einer Verschlechterung führen.« Angi (19:124)*

Wenn die Angehörigen damit anfingen Grenzen aufzuzeigen, könne dies die Patienten zum Nachdenken anregen.

3.4.7.3 Gesundheits- und Krankenpflegepersonal

3.4.7.3.1 Strategien

Die Teilnehmer forderten von dem GK ein System der Bezugspflege und ein individuelles Eingehen auf die Patienten. Dies setze das GK auch so um.

> *»Dann bräuchte man eine Bezugspflege. Also, die Pflege müsste deutlich noch individueller auf den Patienten zugehen.« Angi (19:55)*

3.4.7.3.2 Intervenierende Bedingungen

Ein Einflussfaktor auf die Handlungsstrategien der einzelnen Gesundheits- und Krankenpfleger seien ihre individuelle Toleranz. Auch spiele es eine Rolle, ob das GK bereits negative Erfahrungen mit dem Patienten gemacht habe.

> *»(...) natürlich die Mitarbeiter auch schon in gewissen Weise die Augenbrauen hochziehen, wenn er um die Ecke kommt.« Pascuale (22:84)*

Bei Zwangsmaßnahmen sei die deeskalierende Fähigkeit des GK von großer Hilfe, um Patienten zu beruhigen.

> *»Generell ist es schon häufig so, dass erlebt man auch bei Zwangsmaßnahmen, da gibt es bestimmte Pflegekräfte, zum Beispiel, die es einfach sehr gut draufhaben, sehr fit sind, deeskalierend zu wirken. Da merkt man auch, dass die Patienten die sehr gut annehmen können und sich von denen auch gut runterholen lassen.« Andy (20:37)*

3.4.7.3.3 Konsequenzen aus den gewählten Strategien

Die Auswirkungen der Strategien des GK werden bereits in 3.4.6.1 Auswirkungen der Strategie »Beziehungsaufbau und Vertrauensbildung« genannt.

3.5 Exkurs: Auswirkungen der Rechtslage auf die betroffenen Gruppen

3.5.1 Aus Sicht der Patienten

Die rechtlichen Rahmenbedingungen spielten bei dem Großteil der befragten Patienten keine Rolle. Sie waren darüber nicht informiert oder schienen sich nicht dafür zu interessieren.

Dadurch hatten die rechtlichen Veränderungen kaum Einfluss auf deren Umgang mit der Erkrankung.

»Nein, habe ich gar nichts mitbekommen, dass Zwangsmedikationen auf großer Ebene durchgeführt werden können oder irgendwie so was. Ich weiß nicht ganz genau, was beschlossen wurde.« Jean Jaques (11:59)

Ein Patient stellte die Ausnahme dar. Er konnte als eine Art Bindeglied zwischen professioneller und persönlich betroffener Sicht gesehen werden. Er sah die gesetzliche Änderung als dringend notwendig an. Die zuvor bestehende Formulierung sei, besonders im Hinblick auf die Einwilligungsfähigkeit, zu mehrdeutig gewesen.

»(...) weil ja in den Gesetzen die Formulierungen so lax waren und es überhaupt keine Bedingungen gegeben hat, keine Absicherung, keine Kontrolle, nichts.« Paul (10:23)

Auch die eineinhalb Jahre des rechtlichen Vakuums sehe er im Rückblick nicht als unhaltbaren Zustand an. Es sei jedoch nicht absehbar, was dies nun für Auswirkungen auf die Betroffenen habe.

»Es ist jetzt eben die Frage, inwieweit die Gesetze die tägliche Behandlungspraxis verändern.« Paul (10:37)

3.5.2 Aus der Sicht der Angehörigen

Die Angehörigen gaben an, durch die veränderte Gesetzeslage sei keine Behandlung gegen den Willen der Patienten mehr möglich, was zu einem Unterlassen von Behandlung führe. Sie fühlten sich dadurch ratlos, verzweifelt und vom Gesetzgeber allein gelassen.

»Es ist so schlimm, wenn du die Türen einrennst und niemand unternimmt was. Du läufst gegen geschlossene Türen, jedem sind die Hände gebunden.« Inge (33:50)

Die Angehörigen schilderten, dass die Ärzte nun machtlos seien und zur unterlassenen Hilfeleistung gezwungen würden.

»Wenn ich Arzt wäre, könnte ich damit nicht umgehen, du darfst nicht helfen. Eigentlich müsste man vors Verfassungsgericht gehen. Das ist unterlassene Hilfeleistung, ehrlich.« Peter (6:62)

Ebenfalls komme es zu Entlassungen von unbehandelten Patienten, was den Angehörigen große Sorge bereite.

3.5.3 Aus der Sicht des Gesundheits- und Krankenpflegepersonals

Die Gesundheits- und Krankenpfleger beschrieben, dass die geänderte rechtliche Lage weitreichende Konsequenzen mit sich gebracht habe.

Nach der alten Rechtslage habe man die Patienten notfalls auch gegen ihren Willen behandelt, falls man die Notwendigkeit gesehen habe, statt sie zu entlassen.

»Da hat man dann früher schon eher versucht, wenn man die Notwendigkeit gesehen hat, ihn in der Behandlung zu belassen und nötigenfalls auch zwangszubehandeln.« Roland (25:2)

Als negative Auswirkungen könne eine Einschränkung des Handlungsspielraums und ein daraus resultierendes Gefühl der Ohnmacht gesehen werden. Man könne nur noch abwarten, bis etwas passiere und Gefahr im Verzug sei. Der Patient werde auf Station verwahrt und nicht behandelt. Man könne nichts tun und die Arbeitsbelastung sei größer.

»(...) dass uns die Hände gebunden sind. (...) Seit der Gesetzesänderung muss man sie akzeptieren und lassen und einfach schlichtweg verwahren, hier auf der Station.« Johanna (26:40)

Dies führe zu Frustration des GK und zu Konflikten im Team um Verantwortlichkeit.

»Ich glaube, dass das zugenommen hat, so diese Frustgeschichte.« Persepolis (24:74)

»(...) führt natürlich schon dazu, dass man sich wieder mal so ein bisschen die Verantwortung zuschiebt, indem, beispielsweise eine Pflegekraft sagt jetzt, du als Arzt solltest dich mal um den Patienten kümmern, versuche es doch einmal von deiner Position aus. Genauso aber kommt eben auch die Rückmeldung, ihr als Pflege, versucht doch mal entsprechend Beziehungen und so weiter an den Patienten heranzutreten.« Ralf (2:49)

Das neue Gesetz regle die Alltagsanforderungen unzureichend.

»Das Gesetz ist am grünen Tisch gemacht, von Leuten, die – für mich – keine Ahnung haben, was eigentlich Psychiatrie heißt.« Johanna (26:58)

Eine Risikozunahme sei zu verzeichnen, da Übergriffe von Patienten zugenommen hätten und das Gewaltpotenzial größer geworden sei. Die Medikamentenverweigerungen hätten zugenommen und infolgedessen die Anzahl anderer Zwangsmaßnahmen.

»Was wir feststellen konnten in dem Zusammenhang, war einfach, insgesamt haben die Zwangsmaßnahmen im Sinne von Fixierung und Isolierung deutlich zugenommen, sehr spürbar. Wir hatten Phasen, wo wir unsere zwei Isozellen mit unseren Patienten belegt hatten und noch eine dritte von einer anderen Station gebraucht haben.« Roland (25:98)

Einige Teilnehmer berichteten stattdessen, dass es keine Zunahme von Gewalt oder Verweigerungen gegeben habe.

»Es kam nicht zu wesentlichen Übergriffen, also nicht wesentlich mehr Übergriffe von Patienten. Das ist mir jetzt nicht bekannt, dass es sich so krass verändert hätte oder das so krass angestiegen sei.« Ralf (2:54)

Eine Verweigerung schade langfristig den Patienten. Die Anzahl der Wiederaufnahmen sei angestiegen und die ambulante Versorgung sei mehr belastet. Die Position des GK sei zu einer Ordnungsfunktion hin verändert worden. Eine Zunahme von Patientenverfügungen sei nicht zu beobachten gewesen. Positiv sei, dass sich der Umgang mit den Patienten verändert habe. Man habe weniger Zwangsbehandlungen und die Beziehungsarbeit habe an Bedeutung gewonnen.

»Zum einen eine große Veränderung – bedingt durch die neue Rechtslage – wurde natürlich auf Behandlungsverweigerung bei Patienten nicht so schnell mit Zwangsbehandlungen reagiert. Insgesamt wurde versucht, eine gewisse Compliance herzustellen, eine gewisse Einsicht beim Patient herzustellen. Insofern hat sich der Umgang verändert.« Roland (25:2)

Die Teilnehmer gaben an, dass sie nun versuchten, auf anderen Wegen eine Behandlungsbereitschaft zu erreichen.

»Den Eindruck habe ich schon, dass man sagt, okay, ich kann nicht einfach die Zwangsbehandlungskarte ziehen, ich muss mir andere Mittel und Wege suchen, der Patient ist ja jetzt da.« Roland (25:92)

Ebenfalls habe die veränderte Gesetzeslage dazu geführt, dass das eigene Handeln hinterfragt werde. Dies sei positiv.

»Natürlich, was das angeht, ist es absolut positiv. Das sehe ich schon so. Ja, dass man, sprich, so ein bisschen seine eigene Arbeit im Gesamten, jetzt nicht nur punktuell, sondern im Gesamten einfach mal evaluiert und sagt, muss es so sein, geht es vielleicht nicht irgendwie auch anders.« Ralf (2:59)

Das GK äußerte den Wunsch, dass die gesetzliche Regelung wieder eine Zwangsmedikation erlaube, da sie in bestimmten Fällen sinnvoll sei. Dies hätte auch eine Entlastung des GK zur Folge und sorge für mehr Handlungssicherheit.

»Ich meine, das (Anm. Zwangsmedikation) zu verbieten ist nicht ganz so sinnvoll.« Till (23: 129)

3.5.4 Aus der Sicht der ärztlichen Mitarbeiter

Durch die veränderte rechtliche Lage könne eine Zunahme von Patientenübergriffen, Zwangsmaßnahmen und Behandlungsverweigerungen verzeichnet werden.

»Tendenziell hat sich das jetzt schon ein bisschen rumgesprochen, dass man eben auch das Recht hat, zu verweigern. Und viele, die es vorher ja auch freiwillig

genommen haben, nehmen ihr Recht wahr, eben auch nichts zu nehmen oder weniger zu nehmen oder ihre Rechte halt geltend zu machen, eben nichts oder wenig. Das hat zugenommen.« Heiner (21:1)

Ein Teilnehmer hingegen berichtete, dass keine vermehrte Belastung durch eine Zunahme von Übergriffen oder Zwangsmaßnahmen zu bemerken sei.

»Wir haben ja nicht beobachtet, dass es dann irgendwie andere Zwangsmaßnahmen mehr geworden wären, weil es die Medikation nicht mehr gab.« Ferdinand (9:55)

Es herrsche eine oppositionelle Atmosphäre auf Station. Die Einschränkung der Behandlungsfreiheit löse Frustration aus.

»Es hat einfach viel Frust ausgelöst bei allen Beteiligten. Bei uns Behandlern, weil wir einfach das Gefühl hatten, mit einer Woche Behandlung, auch gegen den Willen des Patienten, hätte man den Patienten wieder so stabil kriegen können und wieder krankheitseinsichtig bekommen, dass er das dann weiter eingenommen hätte. Das heißt, man hätte ihn wieder stabilisieren können, den Zustand.« Andy (20:39)

Bedingt durch die geänderte Rechtslage blieben Patienten unbehandelt oder würden in einem schlechten Zustand entlassen.

»Und dass Patienten teilweise schlechter entlassen werden mussten, als es nötig gewesen wäre.« Andy (20:46)

Ein anderer Teilnehmer begrüßte die rechtliche Lage. Der Handlungsspielraum sei in der Vergangenheit zu groß gewesen. Nun müssten neue Behandlungswege eingeschlagen werden.

»Ja, ich glaube, dass die Psychiatrie da letztlich auf einem guten Weg ist, den sie zwar nicht freiwillig eingeschlagen hat, aber vielleicht tut ja ein bisschen Zwang der Psychiatrie auch ganz gut.« Ferdinand (9:30)

Ähnlich wie die Teilnehmer der Gruppe der GK beschrieben die ärztlichen Mitarbeiter, dass sie durch die neue Situation einen veränderten Umgang mit den Patienten finden müssten. Dies sahen sie als positiv sowie gewinnbringend an. Davor habe die Rechtslage zu einer Diskriminierung der Patienten geführt.

»Aber zum andern natürlich, dass man aus dieser Phase des letzten halben Jahres auch ein gewachsenes Bewusstsein für das, was die Patienten da wollen, mitnehmen und eine Verhandlungskultur weiterentwickeln und bewahren kann.« Amanda (8:113)

Die Teilnehmer sahen die Patientenautonomie gestärkt. Manche Teilnehmer standen diesem Umstand skeptisch gegenüber. Sie befürchteten, dass Patienten alleine gelassen würden. Sie äußerten den Wunsch nach einer tragfähigen Lösung, die Rechtssicherheit schaffe. Ohne eine mögliche Behandlung könne auch keine Autonomie gewahrt werden.

»Da stellt sich ja manchmal die Frage, ob es nicht etwas überbewertet ist gesellschaftlich, in dem Sinne, dass man das Recht hat, autonom völlig unter-

zugehen, ohne dass einer einem hilft. Und die Kehrseite von der Autonomie ist, sozusagen, dass sich keiner mehr kümmert, man ist bloßer Autonom und wenn es ihm schlecht geht, ist das sein Problem.« Amanda (8:96)

Ein Teilnehmer merkte an, dass die Psychiatrie unter finanziellen Druck gerate.

Die Befragten befürchteten eine Mehrbelastung der Angehörigen und der Öffentlichkeit, da die Patienten seltener eingewiesen würden aufgrund der mangelnden Behandlungsgrundlage.

»Na ja, auf Angehörige und die Öffentlichkeit und Gemeindepsychiatrischen Zentren kommt schon ein bisschen mehr zu, weil Leute gar nicht eingewiesen werden zu uns, weil die vielleicht sagen, man kann den eh nicht behandeln.« Amanda (8:145)

3.6 Zusammenfassung der Ergebnisse

In diesem Abschnitt werden die zentralen Aussagen der jeweiligen Gruppen dargestellt. Die Begrifflichkeiten »Problemdefinition« und »Ziele« werden an dieser Stelle benutzt, um die Wahrnehmungen der Gruppen besser illustrieren und kontrastieren zu können.

3.6.1 Patienten

3.6.1.1 Problemdefinition

Das in der vorliegenden Arbeit untersuchte Phänomen, die Behandlungsverweigerung, war vielen Patienten gar nicht bewusst und war keine Haltung, die sie aktiv vertraten. Medikamente nicht einzunehmen, war für sie Teil ihres Umgangs mit der Erkrankung und nicht zwingend ein Problem. Wesentlich zentralere Themen für einen Großteil der Befragten waren erlebter direkter oder indirekter Zwang in Form von unfreiwilligen Klinikaufenthalten, Sicherungsmaßnahmen und Zwangsmedikationen, auch während vergangener Aufenthalte. Einige waren in der Lage, reflektiert über die Verweigerung und deren Folgen zu sprechen. Der Großteil jedoch befand sich noch in der Behandlungsverweigerung und hatte nicht ausreichend Distanz zum Phänomen, um darüber reflektiert sprechen zu können.

3.6.1.2 Ziele

Das erklärte Ziel aller befragten Patienten war es, selbstbestimmt handeln zu können bzw. wieder in eine Lage zu kommen, in der sie selbst über ihr Leben und ihren Umgang mit der Erkrankung bestimmen konnten. Dies schloss vor allem auch die Entscheidung darüber ein, Medikamente zu nehmen oder sie nicht zu nehmen.

3.6.1.3 Strategien zum Umgang mit der Behandlungsverweigerung

Ein Teil der Befragten beschrieb Strategien, die auf Kooperation abzielten. Hierzu zählte das aktive Bemühen, im Gespräch mit den Behandlern über die Art des Medikaments, die Dosierung oder den Umgang mit Nebenwirkungen zu einer einvernehmlichen Lösung zu kommen. Außerdem berichteten einige befragte Patienten, sich angesichts der Bemühungen der Mitarbeiter auf Station und ihrer Angehörigen auf eine Medikamenteneinnahme einzulassen. Dies geschah nicht immer aus echter Überzeugung. Für die Befragten hieß dies teilweise auch, dass sie ihre Chancen auf eine baldige Entlassung aus der Klinik durch das Signalisieren von Kooperation erhöhen konnten, um danach wieder selbst über den Umgang mit den Medikamenten entscheiden zu können.

Wenige wiederum berichteten, aufgrund ihrer Erfahrungen lieber Medikamente und deren Nebenwirkungen in Kauf zu nehmen. Sie wollten eine Rückkehr der Symptome vermeiden bzw. aus dem Kreislauf des eigenmächtigen Absetzens der Medikamente und den darauf folgenden Klinikeinweisungen aussteigen.

Von vielen Befragten wurde jedoch auch eine Reihe konfrontativer Strategien beschrieben wie das anhaltende Ablehnen von Medikamenten, das Beharren auf der eigenen Krankheitssicht, die rigorose Forderung nach einer Behandlung ohne Zwang und das Einlegen juristischer Beschwerden gegen eine solche Behandlung.

3.6.1.4 Beeinflussende Faktoren

Die Behandlung in der Klinik wurde von vielen Befragten als eine Abfolge von Enttäuschungen empfunden. Diese Erfahrungen, auch aus früheren Klinikaufenthalten, beinhalteten den Eindruck, nicht verstanden und daher auch nicht »richtig« behandelt zu werden (z.B. die Klage, zu wenig Gespräche zu bekommen). Einen wichtigen Teil stellten die Erfahrungen der Teilnehmer mit unfreiwilligen Einweisungen oder erlebten Zwangsmaßnahmen dar. Positive Behandlungserfahrungen und positive Erfahrungen mit Ärzten und dem GK wurden durchaus gewürdigt.

Diese Vorerfahrungen beeinflussten maßgeblich den Umgang mit der Erkrankung, die Haltung gegenüber den Ärzten und den Pflegekräften sowie das Verhalten der befragten Patienten auf der Station.

Besonders wichtig erschienen auch das subjektive Krankheitsgefühl, das subjektive Verständnis dafür, welche Probleme wie behandelt werden sollten sowie Erfahrungen mit den Medikamenten. Außerdem spielten die Lebenssituation der Betroffenen und ihre Persönlichkeit eine Rolle als beeinflussende Faktoren.

3.6.1.5 Folgen der Strategien

Die gewählten Strategien führten häufig zu Konflikten mit den Angehörigen, dem GK und den Ärzten. Konnten die Patienten ihre Ziele nicht erreichen, führte dies bei ihnen zu erheblicher Frustration. Falls es zur Anwendung von Zwangsmaßnahmen kam, standen für die Befragten die negativen Auswirkungen auf sie selbst im Vordergrund. Einige wenige sahen im Nachhinein eine Notwendigkeit für Zwangsmaßnahmen und nahmen wahr, dass die Maßnahmen auch für die Behandler eine Belastung darstellten.

3.6.1.6 Wahrnehmung der anderen Gruppen

Die Befragten aus der Gruppe der Patienten schilderten, dass ihre Meinung zur Behandlung regelmäßig übergangen worden sei. Sie klagten darüber, es werde zu wenig auf die Patienten zugegangen. Ärzte und Pflegepersonal seien geradezu fixiert auf die Behandlung mit Medikamenten. Um diese durchzusetzen, schreckten sie auch nicht vor der Anordnung von Zwangsmedikation oder Zwangsmaßnahmen zurück. Angehörige wiederum wurden fast immer in einer unterstützenden Rolle erlebt. Die von den Angehörigen ausführlich geschilderten Belastungen wurden von den befragten Patienten allenfalls in Ansätzen gesehen. Einige der Befragten berichteten allerdings von Konflikten mit ihren Angehörigen. Diese traten dann auf, wenn die Angehörigen die Patientenmeinung nicht teilten und versuchten, die Patienten zu kontrollieren.

3.6.2 Angehörige

3.6.2.1 Problemdefinition

Die Gruppe der befragten Angehörigen sah sich primär in eine Beobachterrolle gedrängt. Sie erlebte sich als ohnmächtig gegenüber einer scheinbar übermächtigen Erkrankung.

Alle befragten Angehörigen schilderten facettenreich die negativen Auswirkungen der Erkrankung auf ihren eigenen Lebensalltag. Belastend war für sie beispielsweise die Frage nach dem richtigen Umgang mit ihrem (durch die Erkrankung eigenwillig und fremd gewordenen) Familienmitglied, insbesondere dann, wenn es die medikamentöse Behandlung verweigerte. Durch die veränderte Rechtslage sahen sich die Angehörigen zusätzlich neuen Belastungen ausgesetzt, z. B. durch eine vorzeitige Entlassung des verweigernden Patienten aus stationärer Behandlung.

3.6.2.2 Ziele

Die Angehörigen hatten das Ziel, ihrem Familienmitglied zu helfen. Wurde die Erkrankung schon über einen längeren Zeitraum als eine Belastung angesehen, war auch die Entlastung der Angehörigen selbst von Bedeutung.

3.6.2.3 Strategien zum Umgang mit der Behandlungsverweigerung

Neben praktischer Unterstützung bei der Bewältigung des Alltags und im Umgang mit der Erkrankung bemühten sich die befragten Angehörigen, ihr Familienmitglied dazu zu bringen, seine Verweigerungshaltung aufzugeben und hinsichtlich der vorgeschlagenen medikamentösen Behandlung zu kooperieren.

Einige versuchten dies mit Druck und Kontrolle. Andere schilderten besondere Anstrengungen, die Sicht des Patienten zu verstehen und ihn mit Empathie und Respekt für seine Entscheidungsfreiheit zu überzeugen, sich auf die Behandlung und seine Behandler einzulassen. Einige sahen sich in einer Vermittlerrolle zwischen ihrem erkrankten Angehörigen und den Ärzten bzw. dem Pflegepersonal. Sie berichteten von ihren Bemühungen, einer jeden Seite die Bedürfnisse der anderen zu übersetzen und ihr zu helfen, die jeweilige Perspektive zu verstehen. Wiederholt wurde außerdem genannt, wie wichtig es sei, auch an die eigenen Bedürfnisse zu denken und z. B. die eigenen Belastungsgrenzen zu respektieren.

Angehörige beschrieben, dass die betroffenen Patienten die Erfahrung einer Zwangsmaßnahme als traumatisierend empfanden. Gleichzeitig befürworteten die Angehörigen die Anwendung von Zwangsmaßnahmen, wenn die Gefahr bestand, dass Patienten sich selbst oder anderen Schaden zufügen könnten. Trotzdem war bei den Angehörigen ihre Zustimmung zu Zwangsmaßnahmen auch mit Schuldgefühlen verbunden.

3.6.2.4 Beeinflussende Faktoren

Die Angehörigen fühlten sich verantwortlich für das Wohl des Patienten und sorgten sich um seine Zukunft. Zugleich wurde eine starke Verunsicherung deutlich, ob sie den Ansprüchen der Situation und der Patienten gerecht würden. Die Beziehungsdynamik zwischen den Angehörigen und den Patienten schien bei der Frage der Medikamenteneinnahme oder -verweigerung sowie im Umgang der Angehörigen mit ihrem Familienmitglied eine wichtige Rolle zu spielen.

Einen entscheidenden Einfluss auf das Verhalten hatte zudem das subjektive Krankheitsverständnis der Angehörigen, z. B. die Krankheit primär als Ausdruck einer von Traumata geprägten Lebensgeschichte zu sehen oder die Krankheit als eine Störung biologischer Funktionen wahrzunehmen, die mit der Gabe bestimmter Substanzen zu beheben sei. Ein weiterer Faktor war die Einschätzung der Krankheitseinsicht ihres Familienmitglieds durch die Angehörigen.

3.6.2.5 Folgen der Strategien

Hilfsangebote seitens der Angehörigen an die erkrankten Patienten führten ihren Angaben zufolge oft zu Missverständnissen und Konflikten. Druck und Kontrolle bewirkten meist eine Verhärtung der Fronten. Nur gelegentlich führten sie zum Nachgeben der Patienten, meist dann, wenn sie in finanzieller Hinsicht abhängig von den Angehörigen waren. Unterstützung bereitzustellen und die Patienten wiederholt von dem Nutzen einer Behandlung zu überzeugen, bringe die Angehörigen oft an ihre eigenen Grenzen. Sie berichteten von ihrer Frustration und Enttäuschung, wenn ihre Unterstützung immer wieder abgelehnt werde. Erfolg versprechend erschien das Bemühen, zwischen den Patienten und den Beschäftigten auf Station zu vermitteln. Es führe zu mehr Verständnis für die Bedürfnisse und Eigenheiten des Familienmitglieds.

3.6.2.6 Wahrnehmung der anderen Gruppen

Die erkrankten Angehörigen – die Patienten in dieser Untersuchung – wirkten aufgrund ihrer Symptome fremd und gelegentlich beängstigend. Zudem träfen sie eigenwillige Entscheidungen. Dies erschwere den Umgang mit ihnen. Dennoch bezogen fast alle der befragten Angehörigen die Biografie und die Krankheitsgeschichte des Betroffenen mit ein, um ihn und sein Verhalten besser zu verstehen.

Neben einer Verbesserung der Symptomatik erhofften sich die befragten Angehörigen von einer Behandlung in einer Klinik, einstweilig die Verantwortung für die Patienten abgeben zu können und Entlastung zu finden. Allerdings wurde mehrfach beklagt, das Behandlungssystem sei nicht transparent genug und binde die Angehörigen nicht ausreichend in die Behandlung mit ein. Gleichzeitig mangele es an Ansprechpartnern. Einige der befragten Angehörigen fühlten sich beim Bemühen, Informationen zu erhalten und sich auszutauschen, von den Beschäftigten auf den Stationen alleine gelassen oder zurückgewiesen. Auch den Patienten werde zu wenig erklärt. Wahrgenommen wurde von einigen aber auch eine hohe Belastung der behandelnden Ärzte und des GK, insbesondere im Zusammenhang mit den rechtlichen Veränderungen.

3.6.3 Gesundheits- und Krankenpflegepersonal

3.6.3.1 Problemdefinition

Auffallend war, dass die veränderte rechtliche Lage von den befragten Gesundheits- und Krankenpflegern, im Vergleich zu den Angehörigen und Patienten, als Veränderung mit weitreichenden Konsequenzen angesehen wurde. Zum einen komme es zu einer Zunahme der Arbeitsbelastung durch lärmende Patienten, Gefährdung von Mitpatienten sowie Personal und Konflikte mit verweigernden Patienten. Zum anderen sei es kaum mit dem beruflichen Selbstverständnis zu vereinbaren, die verweigernden Patienten in unbehandeltem Zustand verweilen zu lassen, ihrer Verschlechterung tatenlos zuzusehen und nicht eingreifen zu können. Das GK beschrieb einen Konflikt zwischen erlebten Einschränkungen der Handlungsoptionen und dem eigenen Rollenverständnis. Ebenso komme es durch Verantwortungsfragen und Schuldzuweisungen zu Konflikten innerhalb des Behandlerteams.

3.6.3.2 Ziele

Das befragte GK wünschte sich, die Patienten wieder nach medizinischen Möglichkeiten behandeln zu können, um dadurch das Leiden der Patienten zu lindern. Weiter beschrieb das GK, dass es wichtig sei, den reibungslosen Stationsbetrieb aufrechterhalten zu können.

3.6.3.3 Strategien zum Umgang mit der Behandlungsverweigerung

Das GK beschrieb eine Vielzahl von Handlungsstrategien, mit denen es versuchte, die Patienten zu motivieren, ihre Verweigerungshaltung aufzugeben. Dabei sei es wichtig, Vertrauen zum Patienten aufzubauen und Beziehungsarbeit zu leisten. Als Schlüsselkompetenzen wurden die Fähigkeiten des GK genannt, sich individuell auf die Patienten einlassen zu können und gemeinsam einen Lösungsweg zu erarbeiten. Primär versuchte das GK in konflikthaften Situationen, deeskalierende Maßnahmen zu ergreifen. Das GK beschrieb Zwangsmaßnahmen als nötiges Übel, wenn durch Deeskalation keine Beruhigung der Situation geschaffen werden könne. Für eine gute Kooperation im Team seien Absprachen und gegenseitige Rückmeldungen außerdem sehr wichtig.

3.6.3.4 Beeinflussende Faktoren

Die Wahrnehmung und der Umgang mit dem Phänomen waren geprägt durch Empathie und Verständnis für die Patienten. Jedoch sahen sich nicht wenige Gesundheits- und Krankenpfleger mit einer unhaltbaren Situation konfrontiert, die mit den ihnen zur Verfügung stehenden Mitteln nicht aufgelöst werden konnte. Sie waren frustriert und fühlten sich vom Gesetzgeber und von der Gesellschaft alleine gelassen. Es wurde öfters auf knappe räumliche und personelle Ressourcen hingewiesen, durch die die Situation zusätzlich erschwert werde. Die Teilnehmer konnten nicht entsprechend ihrem Berufsverständnis und ihrer beruflichen Kompetenz handeln.

3.6.3.5 Folgen der Strategien

Gute Erfahrungen gebe es damit, auf die Patienten individuell einzugehen. Damit könne nicht immer, aber oft eine Zustimmung zu medikamentösen Behandlungsmaßnahmen erreicht werden. Das GK beschrieb die Ausführung von Zwangsmaßnahmen als belastend, für sich ebenso wie für die Betroffenen. Belastend sei aber auch, unbehandelte Patienten unter den Symptomen ihrer Erkrankung leiden zu sehen. Unter dem Vorgehen, sie unbehandelt zu lassen, litten nicht nur die Patienten selbst, sondern auch Mitpatienten, Angehörige und letztlich die Gesellschaft. Zwangsmaßnahmen seien bei manchen Patienten zur Einleitung einer Behandlung wirksam und würden von einigen im Nachhinein als sinnvoll erachtet.

3.6.3.6 Wahrnehmung der anderen Gruppen

Insgesamt sprach das teilnehmende GK wenig über die Gruppe der Angehörigen.

Die verweigernden Patienten wurden als Störfaktoren für die Mitpatienten und das Stationsklima empfunden. Einige kosteten ihre starke Position in der Verweigerungshaltung aus, und sie beanspruchten einen Großteil der pflegerischen und persönlichen Kapazitäten. Ärzte wiederum wurden als ebenso belastet und eingeschränkt durch die rechtlichen Rahmenbedingungen empfunden wie das GK selbst. Jedoch verleihe ihre Rolle ihnen bei einigen Patienten noch eine gewisse Autorität.

3.6.4 Ärztliche Mitarbeiter

3.6.4.1 Problemdefinition

Die ärztlichen Mitarbeiter nahmen die veränderte rechtliche Lage sowohl als Konfliktgrundlage als auch möglichen Lösungsweg wahr. Durch die rechtliche Lage sei es zu einem Verlust von Handlungsoptionen gekommen. Dieser Verlust führe zu Konflikten. Vor der Veränderung der Rechtslage hätte man der Verweigerung mit rechtlich abgesicherten Mitteln entgegentreten können. Jetzt sei dies nicht mehr in diesem Maße möglich. Durch die unbehandelten Patienten komme es zu Konflikten mit Mitpatienten, Mitarbeitern und Angehörigen. Gleichzeitig begrüßten die Teilnehmer die rechtlichen Veränderungen, da nun ein anderer Umgang mit den Patienten und deren Bedürfnissen entstehe.

3.6.4.2 Ziele

Die meisten der befragten ärztlichen Teilnehmer empfanden die Möglichkeit einer Zwangsmedikation als Notwendigkeit, um handlungsfähig bleiben zu können – zum einen, um ihrer Aufgabe der Hilfeleistung nachzukommen, und zum anderen, um den Patienten wieder ihre Selbstbestimmung zurückzugeben. Einige der befragten Ärzte sahen keine Notwendigkeit zur erneuten rechtlichen Legitimation von Zwangsmedikationen, da eine solche Maßnahme die Würde der Patienten verletze.

3.6.4.3 Strategien zum Umgang mit der Behandlungsverweigerung

Im Umgang mit dem Phänomen wünschten sich einige Teilnehmer die Möglichkeit einer Zwangsmedikation, um diese auch weiterhin als Druckmittel anwenden zu können. Jedoch wurde auch eine patientenorientierte und individuelle Herangehensweise beschrieben, die zu einer verbesserten Compliance führen könne. Diese Umgangsformen seien durch die veränderte Rechtslage vermehrt angewendet worden, was von den Befragten positiv wahrgenommen wurde. Ihre wesentlichen Strategien im Umgang mit verweigernden Patienten beschrieben die befragten Ärzte folgenderweise: die Patienten durch vertrauensbildende Maßnahmen, Gespräche und Verhandeln, aber auch Druck zur Medikamenteneinnahme zu motivieren versuchen, sich an eine gerichtliche Instanz wenden, um eine Zwangsmedikation zu beantragen, oder aber die Patienten unbehandelt entlassen.

3.6.4.4 Beeinflussende Faktoren

Die professionelle Haltung, das Verständnis der eigenen Rolle und die berufliche Kompetenz schienen zusammen mit der geänderten Rechtslage den größten Einfluss auf die Handlungsstrategien zu haben. Entscheidend sei demnach die professionelle Beurteilung, ob der verweigernde Patient einwilligungsfähig ist oder nicht, und das Abwägen von Nutzen und Risiken eines Eingreifens notfalls unter Anwendung von Zwang. Aus der Einwilligungsfähigkeit leite sich die Entscheidungskompetenz seitens der Behandler ab. In dieser Kompetenz fühlten sich viele der Befragten durch die veränderte rechtliche Lage erheblich beschnitten.

3.6.4.5 Folgen der Strategien

Blieben die Patienten unbehandelt, verbessere sich deren Gesundheitszustand nicht, im schlimmsten Fall verschlechtere er sich sogar. Durch die rechtlichen Einschränkungen führe die Situation zu Frustration und Belastung der ärztlichen und pflegerischen Mitarbeiter.

Führe man eine individuelle und patientenorientierte Behandlung im geforderten Maß durch, sei das Problem darin zu sehen, dass das herkömmliche Versorgungssystem der Belastung nicht gewachsen sei und die nötigen Ressourcen nicht vorhanden seien.

Indem man Patienten in die Entscheidungen mit einbeziehe und ihre Meinung Gehör finde, könne man ihnen das Gefühl geben, handelnde Subjekte zu sein. So könne ein Behandlungseinverständnis erzielt werden.

Die befragten ärztlichen Mitarbeiter sahen Zwangsmaßnahmen als belastend und traumatisierend für die Patienten an. Zwangsmaßnahmen könnten den weiteren Krankheits- und Behandlungsverlauf der Patienten in beide Richtungen beeinflussen. Auf der einen Seite stehe die Verbesserung der Symptomatik durch eine Zwangsmedikation und die Hoffnung auf Kooperation durch eine Zunahme der Krankheitseinsicht. Auf der anderen Seite stehe die Verletzung des Vertrauensverhältnisses und damit die Gefahr, dass der Betroffene auch künftig die Behandlung zu vermeiden versucht.

3.6.4.6 Wahrnehmung der anderen Gruppen

Über die Sichtweisen der anderen Gruppen, ausgenommen die der Patienten, wurde insgesamt wenig gesprochen. Allenfalls wurden die von anderen gemachten Vorschläge für mögliche Strategien zur Bewältigung des Phänomens beschrieben.

3.6.5 Divergenz der Perspektiven – eine Zusammenfassung

Abschließend ist zu resümieren, dass die befragten Angehörigen wie auch die Patienten die ganze Situation überwiegend aus biografischer Perspektive betrachteten und entsprechend viel aus ihrer Biografie berichteten. Die rechtlichen Veränderungen wurden ausschließlich hinsichtlich der Folgen für sie und ihre Lebenssituation angesprochen. Sie schienen aber keinen Einfluss auf ihre Handlungsentscheidungen zu haben. Der Entschluss, die Medikamente zu verweigern, fiel bei den befragten Patienten unabhängig davon, ob medikamentöse Zwangsbehandlungen möglich waren oder nicht.

Ärztliche Mitarbeiter und das GK sprachen hingegen überwiegend über Aspekte ihrer Berufsausübung, ihres professionelles Verhaltens und ihren professionellen Anspruch und die Auswirkungen der Rechtslage auf ihre konkreten Arbeitsbedingungen. Die meisten befragten ärztlichen und pflegerischen Mitarbeiter fühlten sich durch die Rechtslage in ihren Handlungsoptionen beschnitten. Sie sahen in den Patienten primär »Kranke«, deren Leiden sie mit einer medikamentösen Behandlung zumindest lindern konnten. Die veränderte Rechtslage und die daraus resultierende Einschränkung der Möglichkeit, im Notfall auch gegen den Willen der Patienten zu behandeln, hatte zur Folge, dass der Anspruch an die eigene Arbeit, den Patienten kompetent zu helfen, nicht mehr selbstverständlich umgesetzt werden konnte. Dies führte bei den Befragten zu erheblicher Frustration.

Die Problematik der divergierenden biografischen Perspektiven von Patienten und Angehörigen auf der einen Seite, der professionellen Perspektive von Ärzten und Pflegepersonal auf der anderen Seite hatte wesentliche Auswirkungen auf geglückte oder missglückte Interaktionen zwischen den einzelnen Gruppen.

Für die befragten Patienten und Angehörigen schienen die Beziehung zum behandelnden Arzt und das Vertrauen in ihn essenziell. Für sie waren auch die früheren Erfahrungen und Erlebnisse mit behandelnden Ärzten und mit dem GK anhaltend präsent bzw. wurden durch den Aufenthalt reaktiviert. Diese früheren Begegnungen prägten das Verhalten und die Erwartungen in der aktuellen Situation. Patienten wie auch ihre Angehörigen wollten sich in ihrer Geschichte verstanden fühlen. Das Vertrauen, richtig verstanden zu werden, wurde als Ursache und fördernde Bedingung von Compliance angesehen. Misstrauen war teilweise in vorangegangenen, misslungenen Interaktionen zwischen Behandlern und Patienten oder Angehörigen entstanden. Es erwies sich als hinderlich.

Auch die Mitarbeitenden in der Pflege begriffen Vertrauen als wichtige Grundlage für eine gelingende Behandlung an. Dennoch betrachten viele die Patienten primär in der Rolle von Kranken, denen letztlich nur mit Medikamenten geholfen werden könne. Viele Befragte erwähnten ihr Bedürfnis, im Stationsalltag kompetente Arbeit abliefern zu wollen. Dies beinhaltete auch, verweigernde Patienten mit einem breiten Methodenspektrum dazu zu bewegen, die verschriebenen Medikamente einzunehmen. Ähnliches berichteten die befragten Ärzten. Fast alle empfanden es als gerechtfertigt und notwendig, notfalls auch gegen den Willen eines Patienten Medikamente einzusetzen, wenn dies zu einer Besserung der Symptome beitragen könne. Es wurde dabei kaum reflektiert, wie sie und ihre Handlungen von der Welt außerhalb der Klinik gesehen werden könnten, bzw. wurde von einigen auch schlicht Enttäuschung und Verärgerung über das Unverständnis der Gesellschaft geäußert.

Gemeinsam war den besorgten Angehörigen, die oft am Ende ihrer Kapazitäten waren, den überlasteten Pflegekräften und den sich aufgrund der rechtlichen Rahmenbedingungen in ihren Kompetenzen beschnitten fühlenden ärztlichen Mitarbeitern der Wunsch, die Patienten würden ihre Verweigerungshaltung aufgeben und wieder ihre Medikamente einnehmen. Dann würde alles gut werden. Dies stand im Kontrast zu den Aussagen der befragten Patienten, die teilweise ihre Hauptprobleme in ganz anderen Bereichen sahen (z. B. Traumata, Beziehungskonflikte, Geldnöte). Für sie war nicht ersichtlich, hiergegen Medikamente zu nehmen, von denen sie vor allem die Nebenwirkungen wahrnahmen.

Letztendlich zeigten die Aussagen der Patienten aber auch, dass ein schlichtes Nachgeben des Patienten ohne innere Überzeugung der Komplexität der Situation nicht gerecht werden würde. Zwar scheint für kurze Zeit das Problem gelöst, doch langfristig könnte sich eine ähnliche Situation erneut ergeben. Den Fällen, in denen sich die Patienten letztlich aus eigenen Stücken auf eine Medikamenteneinnahme einlassen konnten, ist gemeinsam, dass sie sich ernst genommen, in ihrer Lebenssituation gesehen und von ihren Behandlern verstanden gefühlt haben.

4 Diskussion

4.1 Fragestellung

Mithilfe des trialogischen, qualitativen Forschungsdesigns gelang es abzubilden, wie Patienten und ihre Angehörigen, Ärzte und Gesundheits- und Krankenpfleger die Situation der Behandlungsverweigerung im Kontext der veränderten Gesetzeslage wahrnahmen. Den Interviews mit den verschiedenen Gruppen lag ein gemeinsamer Leitfaden zugrunde.

Die Auswertung der transkribierten Gespräche erfolgte auf der Basis eines Handlungsparadigmas. Ausgehend vom Phänomen der Behandlungsverweigerung wurden Ursachen, Kontext, intervenierende Bedingungen, gewählte Handlungsstrategien und Folgen analysiert. Diese wurden zunächst für die jeweilige Bezugsgruppe zusammengefasst. Im Anschluss daran wurden die Ergebnisse der einzelnen Befragtengruppen einander gegenübergestellt und hinsichtlich der zu bearbeitenden Problembereiche und möglichen Lösungen Schlüsse gezogen.

Das eindrucksvollste Ergebnis dieser Untersuchung war dabei, wie sehr die Perspektiven von Patienten, Angehörigen, Ärzten und Pflegepersonal auseinanderklafften. Hierdurch wurden die Interaktionen zwischen den Beteiligten im Klinikalltag entscheidend geprägt und deutlich erschwert. Trotz des Interviewleitfadens setzten die einzelnen Gruppen der Befragten in den Interviews sehr unterschiedliche Schwerpunkte. Der kleinste gemeinsame Nenner bei allen Befragten war das Phänomen der Verweigerung von Medikamenten, das für die Analyse als Bezugspunkt gewählt wurde. Ärzte und GK sprachen in diesem Zusammenhang überwiegend über Aspekte der Berufsausübung und den Einfluss der veränderten Rechtlage.

Die betroffenen Patienten sprachen in erster Linie über ihre biografischen Erfahrungen mit stationären Aufenthalten und Zwang.

Die Angehörigen sprachen zumeist über ihre individuelle Belastung durch die Erkrankung ihrer Familienangehörigen oder Partner. Diese unterschiedlichen Perspektiven bestimmten die Einschätzung, wo die Probleme lagen, und damit auch die Wahl der Mittel, diesen Problemen zu begegnen. Die jeweils gewählten Strategien konnten die Situation entspannen oder sorgten ihrerseits für weiteren Konfliktstoff.

Die nachfolgende inhaltliche Diskussion greift daher bewusst drei Beispiele heraus, in denen der unterschiedlichen Schwerpunktsetzung der Befragten Rechnung getragen und zugleich der Umgang mit den unterschiedlichen Perspektiven deutlich wird: 1.) die Perspektivendivergenz am Beispiel des Erlebens und der Anwendung von Zwang, 2.) die Annäherung der Perspektiven am Beispiel des Bemühens um eine partizipative Behandlungsgestaltung und 3.) die vernachlässigte Perspektive der Angehörigen.

Am deutlichsten bemerkbar machte sich die Perspektivendivergenz, wenn es um Unfreiwilligkeit und Zwang ging. Für die einen war Zwang eine einschneidende biografische Erfahrung, für die anderen eine letzte Alternative, ihren Beruf nach den Regeln der Kunst auszuüben. Eine mögliche Annäherung der Perspektiven, die von Patientenseite wie auch von den ärztlichen Mitarbeitern und den GK genannt wurde, könnte in partizipativen Behandlungsansätzen zu finden sein. Langfristig besteht die Hoffnung, mit solchen Behandlungsansätzen Situationen vorzubeugen, in denen es zu einer Verhärtung der Positionen und zu Zwang kommt. Zuletzt befasst sich die Diskussion mit der vernachlässigten Perspektive der betreuenden Angehörigen, die eine wichtige Rolle in der Nachsorge spielen, mit ihren Bedürfnissen jedoch selbst oft auf der Strecke bleiben.

4.2 Ergebnisse zum Thema

4.2.1 Perspektivendivergenz: Die Bedeutung von Zwang und Zwangsmaßnahmen

Einer der zentralen Konfliktpunkte, der von allen befragten Gruppen beim Thema Behandlungsverweigerung, besonders aber von den Patienten angesprochen wurde, betraf die Anwendung oder Androhung von Zwangsmaßnahmen. Die Berichte und Stellungnahmen der Befragten bezogen sich nicht alleine auf die medikamentöse Behandlung gegen den Willen der Betroffenen. Fast immer ging es auch um freiheitsbeschränkende Maßnahmen wie Einweisung, gesetzliche Unterbringung, Isolierung oder Fixierung.

4.2.1.1 Patientenerfahrungen

Unsere befragten Patienten schilderten ihre Erfahrungen mit Zwangsmaßnahmen meist als negative, traumatische Erlebnisse, bei denen die Patientenautonomie durch körperliche Gewalt von anderen außer Kraft gesetzt und das Vertrauensverhältnis zu den Behandlern beschädigt wurde. Dies deckt sich mit den Befunden der Übersichtsarbeit von Newton-Howes und Mullen, die beschreiben, dass

Patienten Zwang aufgrund des Verlusts normaler zwischenmenschlicher Interaktion und des Gefühls, von der Umwelt abgeschnitten zu sein, als entmenschlichend empfinden [111]. Auch in einer weiteren Metaanalyse über qualitative Studien zu Patientenerfahrungen mit Zwangseinweisungen und Zwangsbehandlungen wird das Gefühl beschrieben, abgewertet zu werden [77].

Die Akzeptanz unfreiwilliger Maßnahmen schien in unserer Studie davon abhängig zu sein, ob die Befragten der Meinung waren, dass hierdurch Schaden vermieden oder eine Einsichtsfähigkeit hergestellt werden konnte. Fühlten sich unsere befragten Patienten ungerechtfertigt in ihrer Autonomie beschnitten, sank die Akzeptanz. Dies deckt sich mit den Befunden von KATSAKOU et al. [78]. Drei weitere vorherrschende Sichtweisen werden darin beschrieben: Zum einen gab es Patienten, die die unfreiwilligen Maßnahmen retrospektiv als gerechtfertigt ansahen, auch in Bezug auf die Wiederherstellung ihrer Einsichtsfähigkeit. Zum anderen gab es diejenigen, die unfreiwillige Maßnahmen auch rückblickend ablehnten und die Ansicht vertraten, dass sie auch ohne Zwang erfolgreich hätten behandelt werden können. Und letztlich gab es Patienten, die Zwangsmaßnahmen ambivalent gegenüberstanden, sie notgedrungen akzeptierten, aber die Meinung vertraten, sie hätten sich auch mithilfe von anderen Therapien gebessert [78]. KJELLIN et al. geben ähnliche Verhältnisse an: Ein Drittel der Patienten begrüße retrospektiv eine Zwangseinweisung oder Zwangsbehandlung, ein Drittel stehe dieser ambivalent gegenüber und ein Drittel lehne sie ab [81]. SIBITZ et al. berichten in einer qualitativen Studie, dass Patienten eine Zwangsmaßnahme als »eine verbesserungsbedürftige Methode«, aber auch als eine »notwendige Notbremse« oder auch »unnötige Überreaktion« wahrnahmen, vor allem, wenn es um eine mögliche Selbst- oder Fremdgefährdung ging [126].

Unsere befragten Patienten schilderten einen negativen Einfluss von Zwangsmaßnahmen auf das Verhältnis zum behandelnden Arzt, vor allem dann, wenn sie die Maßnahmen als ungerechtfertigt ansahen. Zwangsmaßnahmen führten teilweise zu einem Vertrauensverlust und belasteten das Verhältnis zwischen Patient und Behandler. Erkannten die Patienten retrospektiv die Notwendigkeit an, war der negative Einfluss geringer. Dies deckt sich mit den Ergebnissen anderer qualitativer Studien zu den Auswirkungen von Zwangsmaßnahmen [45, 87, 115]. Nach einer Studie von O'DONOGHUE et al. können viele Patienten die Zwangseinweisung im Nachhinein akzeptieren, aber das Verhältnis zu Angehörigen und zum behandelnden Arzt sei dadurch trotzdem belastet worden [112]. Dass Erfahrungen mit Zwangsmaßnahmen die therapeutische Beziehung und damit auch Prozesse gemeinsamer Entscheidungsfindung negativ beeinflussen können, berichten auch HAMANN et al. [57].

Die Erfahrung von Zwang, also der Verlust selbstbestimmten Handelns [42], hat nur bedingt mit dem juristischen Status des Patienten zu tun. Auch Patienten mit freiwilligem Aufenthaltsstatus können sich zur Behandlung gezwungen fühlen

[63, 75, 113]. Im klinischen Alltag wird oft informeller Zwang ausgeübt (zum Beispiel den Patienten überreden, Androhungen von Restriktionen oder von Zwangsmaßnahmen), um Patienten zur Kooperation zu bewegen [16, 70, 87, 103]. Dies wurde in unserer Studie sowohl seitens der Patienten als auch der Klinikbeschäftigten beschrieben. THEODORIDOU et al. stellten fest, dass auch empfundener Zwang das Verhältnis zwischen Arzt und Patient negativ beeinflusse [152]. Ein solcher Einfluss sollte vermieden werden, da die therapeutische Beziehung zwischen Arzt und Patient den Ausgangspunkt für eine als gut empfundenen Betreuung bildet [49, 74].

4.2.1.2 Auswirkungen von Zwangsmaßnahmen auf das Behandlungsergebnis

Hinsichtlich des Behandlungsergebnisses unter unfreiwilliger Behandlung gibt es uneinheitliche Befunde. Einer Studie von STEINERT et al. zufolge wirkt sie sich nicht negativ auf das kurzfristige Behandlungsergebnis aus [130]. Auch nach zwei Jahren fanden sich zwischen unfreiwillig und freiwillig eingewiesenen Patienten mit Schizophrenie keine Unterschiede hinsichtlich der objektiv bewerteten Therapietreue [71]. Allerdings war das Empfinden von subjektivem Zwang und realem Zwang bei unfreiwillig eingewiesenen Patienten höher und die subjektive Einschätzung der Therapietreue war niedriger [71].

KISLEY et al. wiederum stellten in ihrer Übersichtarbeit zu ambulanter Zwangsbehandlung bei Menschen mit schweren psychischen Störungen keine signifikanten Unterschiede in Bezug auf Behandlungsergebnisse, soziales Funktionsniveau und das Aufsuchen von Einrichtungen des Gesundheitswesen fest [79].

Allerdings mindern Zwangserfahrungen die Patientenzufriedenheit [69]. Diese Auswirkung wurde auch von unseren befragten Patienten genannt. Nach PRIEBE et al. hat die Zufriedenheit der zwangseingewiesenen Patienten innerhalb der ersten Behandlungswoche Einfluss auf die Langzeitprognose [119]. Ambulante Zwangsmedikation steigere zwar Lebensqualität sowie Therapietreue und verbessere die Symptome der Patienten, jedoch seien diese positiven Effekte durch das Empfinden von Zwang gemindert [90, 150].

LINK et al. beschreiben einen Zusammenhang von Stigmatisierung und vermindertem Selbstwertgefühl bedingt durch den erfahrenen Zwang [91]. Unsere befragten Patienten fühlten sich durch die Gesellschaft bereits aufgrund ihrer psychischen Erkrankung stigmatisiert und ausgegrenzt. Kam es während eines stationären Aufenthalts in einer psychiatrischen Klinik zur Anwendung von Zwangsmaßahmen an den befragten Patienten selbst oder auch an Mitpatienten, verstärkte dies das Gefühl der Entwürdigung und Machtlosigkeit.

Durch die Ungleichverteilung von Macht und Kontrolle sowie Stigmatisierung und Diskriminierung kann ein angstbesetztes Klima entstehen [151]. Die teilnehmenden Patienten beschrieben diesen Zusammenhang ebenfalls und versuchten den Kontakt zu Ärzten zu vermeiden, die ihnen Angst machten. Ein angstbesetztes Klima kann somit ein Hindernis zur Aufsuchung von Behandlung werden [155].

4.2.1.3 Erfahrungen der Pflegekräfte und der ärztlichen Mitarbeiter

Zwang belastet aber nicht nur die betroffenen Patienten. Die Anwendung von Zwang war in unserer Studie auch belastend für das GK [vgl. auch mit 23]. Um damit umzugehen, versuchten sie, sich in den Patienten hineinzuversetzen und empathisch zu sein, wie dies auch in einer qualitativen Studie von Lawn et al. beschrieben wird [87]. Doch bleibt unklar, ob eine solche Perspektivenübernahme gelingen kann. Nach Haglund et al. hatten Patienten und Krankenpflegepersonal unterschiedliche Wahrnehmungen, wie Patienten es erleben, wenn sie gegen ihren Willen Medikamente verabreicht bekommen [54]. Das Krankenpflegepersonal begründete die medikamentöse Zwangsbehandlung mit der fehlenden Alternative [54]. Die Patienten hingegen schlugen eine Reihe verschiedener Alternativen zur Zwangsmedikation vor [54]. Auch in unserer Studie hielten das GK und die ärztlichen Mitarbeiter die Anwendung einer Zwangsmedikation für das letzte Mittel, wenn alle anderen Alternativen ausgeschöpft seien. Die von Patienten, GK und Ärzten genannten Alternativen zur Deeskalation einer Situation überschnitten sich mit denen bei Haglund et al. [54]. Sie umfassten das Anbieten von Gesprächen, Wahlmöglichkeiten bei Medikamenten, einen Settingwechsel durch einen gemeinsamen Spaziergang, das Erfragen der Bedürfnisse und Wünsche des Patienten oder dem Patienten Zeit zu geben und abzuwarten. Ärzte und das GK waren sich dieser Alternativen bewusst, sahen sie aber in bestimmten Problemsituationen als nicht mehr ausreichend an, um die Konflikte zu deeskalieren.

In einer Studie von Olofsson und Norberg über Erfahrungen mit Zwang in der Psychiatrie beschrieben sowohl Patienten als auch Krankenpfleger und Ärzte, wie wichtig menschlicher Kontakt und zwischenmenschliche Beziehungen seien [114]. Interessant ist, dass die Patienten sich in Zwangssituationen mehr Kontakt und Gespräche mit den Betreuenden wünschten. Ärzte und das GK hingegen entschlossen sich gerade dann zur Anwendung von Zwang, wenn sie sich nicht mehr in der Lage sahen, mit den Patienten in Kontakt zu treten [114]. Ähnliche Erfahrungen berichteten auch die Teilnehmer der vorgestellten Studie. Die Ärzte und das GK gaben an, eine Zwangsmaßnahme dann in Betracht zu ziehen, wenn ein Patient nicht mehr durch Gespräche und Zureden erreichbar sei. Unsere befragten Patienten wünschten sich genau dann hingegen mehr Kontakt.

4.2.1.4 Zwangsmaßnahmen und das Recht auf Selbstbestimmung

Die Anwendung von Zwangsmaßnahmen beruht auf einem Paradoxon, welches auch die Behandler in dieser Studie, Ärzte wie GK, beschrieben: Um gute Betreuung zu gewährleisten, muss die Freiheit einiger Patienten beschnitten werden [54]. Dieser Umstand kann auch als »moralische Grauzone zwischen Betreuung und Kontrolle« beschrieben werden [87]. Die befragten Ärzte und das GK sprachen vor allem über die Gründe und Einflussfaktoren, die ihrer Ansicht nach eine Zwangsmaßnahme in Form von Sicherungsmaßnahmen oder Zwangsmedikation nötig machten. Sjöstrand et al. [129] untersuchten die ethischen Begründungen von schwedischen Psychiatern für unfreiwillige Behandlungen. Sie stimmen mit den Aussagen in unserer Studie überein. Beschrieben wird das Abwägen von Vor- und Nachteilen einer Zwangsbehandlung, wie das Verhindern von Selbst-/Fremdgefährdung und die Wiederherstellung der Patientenautonomie durch die Behandlung im Gegensatz zur Belastung der therapeutischen Beziehung durch die Maßnahme [129].

Die ärztlichen Mitarbeiter nannten die Notwendigkeit und die positiven Aspekte einer an der Patientenautonomie orientierten Haltung, beanspruchten aber für sich im Ernstfall die Möglichkeit einer paternalistischen Entscheidung. Eine solche Entscheidung schließt die Möglichkeit zur medikamentösen Zwangsbehandlung mit ein. Die Gruppe der GK äußerte ebenfalls die Ansicht, dass es in kritischen Situationen möglich sein müsse, für den Patienten zu entscheiden. Die Anwendung von Zwang ist durch das Streben nach den angenommenen besten Interessen des Patienten begründet [87]. Die Rechtfertigung für Zwangsmaßnahmen mit dem Handeln im besten Interesse des Patienten findet sich laut Feiring et al. [36] auch in einer Idealvorstellung einer patientenorientierten Haltung wieder. Die Haltung münde im klinischen Alltag aber letztendlich in Paternalismus, da der angenommene Nutzen einer unfreiwilligen Behandlung und die Abwendung von Schaden als wichtiger gewertet würden als die Akzeptanz und Anerkennung der Entscheidung des Patienten [36].

Es lässt sich fragen, ob die Begründung von Zwang durch eine angenommene fehlende Einsichtsfähigkeit des Patienten noch zeitgemäß ist und ob Einsichtsfähigkeit nur dann akzeptiert wird, wenn der Patient dem Psychiater zustimmt [66]. Bei somatischen Patienten würden Entscheidungen gegen medizinischen Rat eher toleriert und es würde ihnen nicht sofort eine Einwilligungsunfähigkeit unterstellt werden, wie dies bei psychiatrischen Patienten der Fall sei [41, 128]. Die gängige Definition von Einwilligungsfähigkeit beinhaltet, dass der Patient relevante Information verstehen, die betreffende Situation und mögliche Konsequenzen in Betracht ziehen, eine Entscheidung treffen und diese begründen kann (aus [41] nach [3]). Kritische Stimmen merken an, dass bei psychischen Krankheiten das Gehirn betroffen sei, welches maßgeblich für die oben genannte intellektuelle Leistung nötig sei [139]. Patienten mit psychiatrischer Diagnose hätten daher ein besonderes Risiko, dass man ihnen die Einsichtsfähigkeit abspricht. Die Frage ist daher, ob für die Einsicht ein Ersatzkonzept gefunden werden soll, welches den Bedürfnissen aller besser entspräche.

4.2.1.5 Erfahrungen der Angehörigen

Die Angehörigen in unserer Studie erlebten die Anwendung von Zwang als Beobachter. Sie nahmen das Leiden der Patienten wahr, das durch die Anwendung von unfreiwilligen Maßnahmen entstand. Gleichzeitig sahen sie aber auch die Möglichkeit, das Leiden durch das zwangsweise Verabreichen von Medikamenten zu beenden. In diesem Zwiespalt fühlten sich die Angehörigen schlecht und verunsichert. Jankovic et al. beschreiben in einer qualitativen Studie, dass die Angehörigen sich bei einer Zwangseinweisung zwar erleichtert fühlten, dieses Gefühl jedoch von Sorge und Schuldgefühlen begleitet sei [72].

In anderen vergleichenden Studien beurteilten Angehörige den Zwang bei der unfreiwilligen Einweisung geringer als die Patienten selbst [64, 121] und bewerteten diese insgesamt positiver [48]. Auch unsere befragten Angehörigen beurteilten mögliche oder tatsächliche Zwangseinweisungen positiv. Sie erhofften sich dadurch eine Verbesserung des Gesundheitszustands des erkrankten Angehörigen. Teilweise brachten sie die Patienten selbst in die Klinik. In anderen Fällen wollten die Angehörigen keine Verantwortung für eine Zwangseinweisung übernehmen.

In der vergleichenden Studie von Hoge et al. berichteten Angehörige weniger über die Ausübung von Druck, um ihre kranken Angehörigen von einer Einweisung zu überzeugen, als die betroffenen Patienten selbst [64]. Angehörige und Ärzte vertraten die Ansicht, dass eine maximal mögliche Verfahrensgerechtigkeit angewandt werde, Patienten empfanden eine geringere Gerechtigkeit [64]. Diese unterschiedliche Ansicht bezüglich der Verfahrensgerechtigkeit bei Angehörigen und Patienten konnte auch bei Ranieri et al. festgestellt werden [121]. Interessanterweise fanden sich in den Narrativen der von uns interviewten Angehörigen oft sogar Bedenken, ob die Patienten wahrheitsgemäß über Vorfälle in der Klinik sprachen. Bei diesen Vorfällen ging es meist um erlebte Zwangsmaßnahmen und dem Patienten widerfahrene Ungerechtigkeiten durch Behandler oder Mitpatienten. Die Angehörigen äußerten Zweifel an der Wahrnehmung und Beurteilung der Situation durch die Patienten. Dies könnte mit dem Ausmaß vorangegangener Belastungen durch die Patienten zusammenhängen, die die Loyalität der Angehörigen teilweise auf eine harte Probe stellten.

4.2.2 Annäherung der Perspektiven: Partizipative Behandlungsansätze

Einen wesentlichen Lösungsansatz, um die Patientenautonomie besser zu wahren und Situationen vorzubeugen, in denen es zu einer Verhärtung der Positionen und schließlich zu Zwangsmaßnahmen kommt, sahen alle Befragten darin, dass Behandlungsentscheidungen von Behandlern und Patienten gemeinsam getroffen werden. Patienten, Ärzte und GK sprachen über partizipative Entscheidungsfindung (»shared decision making«) sowie über Vorausverfügungen in Form von Patientenverfügungen (»advance treatment directives«). Darüber hinaus erwähnten Ärzte Behandlungsvereinbarungen (»joint crisis plans«).

Tatsächlich gewinnt die Behandlung im Konsens an Bedeutung und wird von betroffenen Patienten und behandelnden Ärzten gewünscht [7]. Einzuordnen ist die Diskussion um Entscheidungen mit oder für einen Patienten in das Spannungsfeld zwischen Patientenautonomie und der Fürsorgepflicht des behandelnden Arztes [135]. Der daraus resultierende innere Konflikt wurde vor allem von den teilnehmenden Ärzten sowie dem GK beschrieben.

Die Autonomie und das Selbstbestimmungsrecht der Patienten zu gewährleisten, wurde von den befragten Ärzten, dem GK und den Patienten als wichtig und wünschenswert geschildert. Die Teilnehmer erhofften sich dadurch einen höheren Behandlungserfolg sowie höhere Behandlungszufriedenheit. Erreicht werden könne das beispielsweise durch eine partizipative Behandlungsgestaltung mithilfe von Behandlungsvereinbarungen, die im Dialog zwischen Patient und therapeutischer Einrichtung ausgehandelt werden [14], oder mit Patientenverfügungen, die eine Vorausverfügung ohne Absprache darstellen [13].

Durch die gemeinsame Entscheidungsfindung in Form von »shared decision making« soll die Autonomie des Patienten gestärkt werden [22]. Durch die Vermittlung von relevanten Informationen und das Zusprechen von Entscheidungsgewalt bezüglich therapeutischer Entscheidungen soll das Ungleichgewicht zwischen Arzt und Patient zugunsten des Letzteren verschoben werden [22].

4.2.2.1 Wirksamkeit partizipativer Behandlungsansätze

Als Evidenz der Wirksamkeit von Behandlungsvereinbarungen wird eine Verringerung von unfreiwilligen Maßnahmen wie Zwangseinweisungen und Zwangsbehandlungen angeführt [14]. In einer Cochrane-Metaanalyse zum Erfolg von Patientenverfügungen und in einer randomisiert-kontrollierten Studie von Thornicroft et al. zu Behandlungsvereinbarungen konnte keine signifikante Verminderung von unfreiwilligen Maßnahmen festgestellt werden [19, 153]. Allerdings vermerken Thornicroft et al. eine leichte Verbesserung der therapeutischen Beziehung in der Interventionsgruppe [153].

Nicht nur für die in unserer Studie befragten Patienten, Angehörigen und GK hatte die interpersonelle Beziehung zwischen Therapeut und Patient eine entscheidende Bedeutung. McCabe et al. [97] beschreiben einen Zusammenhang zwischen der Arzt-Patient-Beziehung und dem kurz- und langfristigen Behandlungsergebnis sowie dem Erfolg von konkreten Interventionen wie medikamentösen Therapien. Woltmann und Whitley [159] beschreiben, dass sich die von ihnen befragten Patienten im Dialog mit den behandelnden Ärzten über mögliche Therapieentscheidungen auf die Beziehungsebene fokussierten. Auch Loos et al. [92] betonen den Stellenwert der Beziehungsebene für die Betroffenen. Sobald der Patient das Gefühl habe, ein handelndes Subjekt zu bleiben, führe dies zum Erfolg [92].

Durch partizipative Entscheidungsfindung kann sich die Sichtweise des Arztes auf die Arzt-Patientenbeziehung verändern und eine höhere Zufriedenheit über die Behandlungsergebnisse erreicht werden [55]. Die Patienten wiederum empfinden ein höheres Maß an Beteiligung sowie eine Verbesserung ihres Wissens und ihrer Einstellung zu Medikamenten [55]. Förderlich für eine gemeinsame Entscheidung sei es, wenn Patienten offen und ehrlich mit ihrem Therapeuten sprechen und diesem Vertrauen und Geduld entgegenbringen [59]. Ärzte könnten in der Analyse von Entscheidungsprozessen und in Kommunikationsstrategien geschult werden [58]. Dadurch sollen die Patienten zu einer aktiveren Teilhabe angeregt werden und somit eine Entscheidungsfindung ermöglicht und erleichtert werden [1, 57]. Hamann et al. stellen fest, dass Patienten, die in Shared Decision Making geschult werden, zu »schwierigen« Patienten werden [57]. Sie nehmen die Entscheidung ihres Psychiaters nicht einfach an, sondern stellen diese vermehrt infrage [57]. Dies findet sich auch in Aussagen der von uns befragten Teilnehmer wieder, dass dadurch ein neuer Umgang entstehe, der letztendlich selbstbestimmtere Patienten schaffe.

4.2.2.2 Einflussfaktoren auf gemeinsame Entscheidungsfindung

Wenn ein Patient unfreiwillig stationär untergebracht ist oder die Behandlung verweigert, kann dies die ärztliche Einschätzung der Entscheidungsfähigkeit des Patienten beeinflussen. Diese kontextgestaltenden Faktoren wirken sich darauf aus, ob eine Entscheidung gemeinsam gefällt wird. Wenn der behandelnde Psychiater eine eingeschränkte Entscheidungsfähigkeit annimmt, werden auch Zweifel daran geäußert, ob der Patient ein kompetenter Entscheidungspartner ist [56]. Hamann et al. merken an, von psychiatrischer Seite werde bezweifelt, dass bei Entscheidungen, bei denen rechtliche oder medizinische Fachkenntnisse erforderlich sind, eine gemeinsame Entscheidungsfindung angemessen ist [56]. Es wird angenommen, je höher die mit der Entscheidung verbunden Risiken eingeschätzt würden, desto weniger sei der Therapeut bereit, die Entscheidung gemeinsam zu treffen [120].

Diese Umstände erwähnte auch ein Teil der in unserer Studie befragten Ärzte. Sie waren meist Befürworter von medikamentösen Zwangsbehandlungen und sahen sich durch die rechtliche Veränderung stark in ihrer therapeutischen Entscheidungsfreiheit eingeschränkt. Die genannten Umstände könnten eine Erklärung sein, wieso in Situationen, in denen sich Ärzte im Recht fühlen, die geäußerten Bedürfnisse der Betroffenen übergangen werden.

Mögliche Hindernisse und förderliche Faktoren für eine gemeinsame Entscheidungsfindung sollten nicht außer Acht gelassen werden [88]. In einer Übersichtsarbeit beschreiben Légaré et al. als Hindernisse Zeitdruck und bestimmte Patientencharakteristika oder Eigenheiten der klinischen Situation, die eine Anwendbarkeit erschweren [88]. Förderlich für eine gemeinsame Entscheidung seien die Motivation des Behandlers sowie die Erfahrung, dass eine gemeinsame Entscheidung den Behandlungserfolg verbessere und dass eine solche Entscheidungsfindung einen positiven Einfluss auf klinischen Abläufe habe [88]. Légaré et al. fordern mehr Zeit im klinischen Alltag für Gespräche über Behandlungsentscheidungen. Sie bemängeln, dass Ärzte oft voreilig aufgrund bestimmter Patientencharakteristika davon ausgehen, dass ein Patient nicht zu einer Entscheidung fähig sei. Die Ärzte müssten die Patienten fragen, ob und wie sie am Entscheidungsprozess beteiligt werden wollen. Allein durch diese einfache Frage sei viel gewonnen [88].

4.2.2.3 Anerkennung der Verhandlungspartner

Ausreichend ist es nicht, lediglich Behandlungsmöglichkeiten durchzusprechen, wichtig ist auch die Art und Weise der Kommunikation. Deshalb wird ein breiteres, komplexeres Konstrukt von gemeinsamer Entscheidungsfindung benötigt [33]. Entwistle et al. beschreiben ein Konstrukt, welches vom Anwender fordert, die kontextgebenden Faktoren (die subjektiven Sichtweisen von Arzt und Patient sowie die Kommunikation zwischen Arzt und Patient) in Betracht zu ziehen [33]. Weiter solle der Arzt den Patient als Person im weiteren Sinne respektieren. Dies beinhalte auch, vom Patienten getroffene Entscheidungen nicht einfach hinzunehmen, sondern sie gegebenenfalls zu diskutieren und hierdurch die Patientenautonomie zu unterstützen [33].

Gault et al. stellen fest, dass für Patienten die kommunikativen Fähigkeiten der Therapeuten und ein respektvoller Umgang mit ihnen von großer Bedeutung sind [44]. Für die Patienten bestehe zwischen den kommunikativen Fähigkeiten und der professionellen Kompetenz eine Verbindung, die eine zufriedenstellende Betreuung und Behandlung ermöglicht [44]. Wie sich Therapeuten bei der gemeinsamen Entscheidungsfindung verhalten, habe einen maßgeblichen Einfluss darauf, ob Patienten ihre Medikamente regelmäßig nähmen oder nicht, so berichteten Patienten und Angehörige in einer Studie von Gault et al. [45].

Die Arzt-Patienten-Kommunikation trägt über direkte und indirekte Wege zu verbesserten Behandlungsergebnissen bei [147].

Der Einbezug von Patienten in eine gemeinsame Entscheidung solle sich nicht auf deren Aussagen im Gespräch über eine Therapieentscheidung beschränken [34]. In Betracht gezogen werden müssen auch Gedanken und Gefühle über ihre Rolle, ihre Errungenschaften und Beiträge zur Entscheidungsfindung und die Beziehung zu den Krankenhausärzten [34]. Wird die gemeinsame Entscheidungsfindung allein darin gesehen, einem Patienten innerhalb eines Gesprächs verschiedene Optionen anzubieten, von denen er eine auswählen muss, hat dies zur Folge, dass die Interessen und Erfahrungen eines Patienten nicht ausreichend miteinbezogen werden [34]. Eine gemeinsame Entscheidungsfindung ist vielmehr als ein Prozess zu verstehen, der gegebenenfalls Gespräche über einen längeren Zeitraum beinhaltet und in dem die Wünsche und Erwartungen des Gegenübers aktiv exploriert und miteinbezogen werden müssen [33, 34, 87]. Fehlt ein solches umfassenderes Verständnis von gemeinsamer Entscheidungsfindung, könnte dies erklären, warum unsere befragten Patienten die diesbezüglichen Bemühungen des Klinikpersonals nicht anerkannten und wahrnahmen.

Der Kern des Problems, eine gemeinsame Entscheidung zu finden und umzusetzen, könnte darin bestehen, dass sich die Patienten als Personen mit eigener Meinung nicht anerkannt und akzeptiert fühlen. Anerkennungskonflikte sind mit eine der Ursachen von sozialen Konflikten [65]. Um tragfähige Lösungen zu finden, ist die Anerkennung der Co-Autorität des Gegenübers von Bedeutung [68]. Im konkreten Fall hier geht es um ein Abgeben der Deutungshoheit über Gesundheit und Krankheit, die dem Arzt als Eigenschaft zugesprochen wird [35]. Der Arzt sollte die Mündigkeit der Patienten als Person und handelndes Subjekt anerkennen. Durch das Abfassen einer Patientenverfügung erhoffen sich die Patienten, dass ihre Identität und Integrität gewahrt wird und sie nicht im Falle einer Einweisung zu einem »weiteren psychiatrischen Patienten« herabgestuft werden [2].

Vorausverfügungen und Vereinbarungen jeglicher Form dienen als Instrumente der unterstützenden Entscheidungsfindung. Jedoch können damit nicht für alle Eventualitäten Vorausentscheidungen getroffen werden und sie ersetzen keinen konstanten Dialog. Ein andauernder interpersoneller Diskurs mit Einbeziehung diverser Akteure ist von entscheidender Bedeutung [142]. Dies wird auch in der vorgestellten Studie deutlich.

4.2.3 Die vernachlässigte Perspektive: Die Rolle der Angehörigen

Die befragten Angehörigen hatten im Konflikt zwischen ihrem verweigernden Familienmitglied und den Beschäftigten und Behandlern auf den Stationen eine sehr schwierige Rolle inne, die besondere Aufmerksamkeit verdient. Sie nutzten die Interviews, um ihren Sorgen, Ängsten und Belastungen durch die Erkrankung ihres Familienangehörigen oder ihres Partners Gehör zu verschaffen. Deutlich wurde, dass sie sich oft alleine gelassen und extrem belastet fühlten. Das Gefühl wurde im Zeitraum des rechtlichen Vakuums in Bezug auf eine mögliche Zwangsmedikation verstärkt, zum Beispiel dadurch, dass Kliniken eine Aufnahme von Patienten ablehnten, bei denen keine ausreichenden Rückhaltegründe vorlagen. Auch JANKOVIC et al. beschreiben, dass es im Vorfeld einer Zwangseinweisung schwierig für die Angehörigen gewesen sei, Hilfe von psychiatrischen Einrichtungen zu bekommen, um dadurch eine Zwangseinweisung zu vermeiden [72].

4.2.3.1 Betreuungslast der Angehörigen

Im englischen wird der Begriff »burden of care« verwendet, welcher »Betreuungslast« oder »Belastung durch Versorgung« bedeutet. Es kann unterschieden werden zwischen einer objektiven Last, zum Beispiel wie stark sich die Versorgung der Patienten auf alltägliche Abläufe, Gesundheit oder finanzielle Mittel auswirkt, und der subjektiven Dimension, wie sehr die Angehörigen oder die betreuende Person die Versorgung der Patienten als Last empfinden [62].

In einer Studie von VADDADI et al. über Erfahrungen von Angehörigen mit Belastungen und Misshandlungen durch die Patienten berichteten über die Hälfte der Teilnehmer, dass sie beschimpft, bedroht oder Opfer von Wutausbrüchen wurden [154]. Die von uns befragten Angehörigen erwähnten ähnliche Vorfälle, in denen Patienten sie beleidigten oder bedrängten. Weiter berichteten sie von Familienstreitigkeiten, die durch die Erkrankung oder das Verhalten des erkrankten Angehörigen ausbrachen. MAGLIANO et al. konnten einen Zusammenhang zwischen einer hohen Belastung durch die Versorgung eines kranken Angehörigen und den Einschränkungen von sozialen Aktivitäten, der negativen Belastungen des Familienlebens und Verlustgefühlen feststellen [93]. Für weitere Belastung sorgt die unterschiedliche Wahrnehmung von Angehörigen und Patienten, was der Patient für sein Wohlergehen braucht [24]. Diesen Unterschied beschrieben auch die Angehörigen in unserer Studie. Ihre Vorstellungen, wie es dem psychisch kranken Angehörigen gut gehen soll, beispielweise durch eine medikamentöse Behandlung oder betreutes Wohnen, standen oft in Kontrast zu den Vorstellungen der betroffenen Patienten, die studieren oder »Musik machen« wollten.

In unserer Studie waren über die Hälfte der Patienten, um die sich die interviewten Angehörigen kümmerten, an einer Diagnose aus der Gruppe der schizophrenen Störungen (F2x.x) erkrankt. Die Angehörigen schilderten vielfältige und enorme Belastungen durch die Betreuung, die ihr eigenes Leben maßgeblich zu bestimmen schien. Dies legt die Vermutung nahe, dass die Lebensqualität der befragten Angehörigen durch die Betreuungslast deutlich in Mitleidenschaft gezogen wurde. Ergebnisse anderer Studien beschreiben, dass die Versorgungslast, welche durch die Betreuung von an Schizophrenie erkrankten Patienten entsteht, höher ist als bei Patienten mit anderen Erkrankungen [52, 53, 93]. Bedingt durch die Belastung durch die Betreuung des Patienten, fehlende soziale Unterstützung, den Verlauf der Erkrankung selbst und Probleme innerhalb der Familie könne sich die Lebensqualität von Angehörigen eines Patienten mit Schizophrenie verschlechtern [20]. In einer Übersichtsarbeit von CAQUEO et al. wird auch ein negativer Einfluss auf das Arbeitsleben und die Gesundheit der Angehörigen beschrieben. Sie litten vermehrt unter Angstzuständen, Stress und Depressionen [20]. Unsere befragten Angehörigen sprachen auch über ihre eigenen Erkrankungen, die die Betreuung des psychisch erkrankten Angehörigen erschwere. Die eigene Erkrankung verschlimmere sich durch die Betreuung und die damit verbundene Belastung. Die Ergebnisse einer qualitativen Studie von GATER et al. [43] decken sich mit den unseren. Die Teilnehmer berichteten gleichermaßen über große gesundheitliche, emotionale und zeitliche Belastungen durch die Schizophrenieerkrankung der Angehörigen [43].

GUPTA et al. stellten bei Angehörigen, die sich um einen Patienten mit Schizophrenie kümmerten, eine niedrigere gesundheitsbezogene Lebensqualität fest als bei Angehörigen von Patienten mit anderen Erkrankungen oder bei Erwachsenen, die niemanden zu betreuen hatten [53]. Gleichzeitig sei es Angehörigen von schizophrenen Patienten sehr wichtig, sich um diese zu kümmern. Sie hätten jedoch nicht die nötigen finanziellen Mittel zur Verfügung. Dies könne den Gesundheitszustand der Patienten beeinträchtigen [53]. Der Wunsch, sich um den erkrankten Angehörigen zu kümmern, und das Gefühl der Verantwortung für den erkrankten Angehörigen konnte auch in der hier vorgestellten Studie festgestellt werden. Das Verantwortungsgefühl schien die Angehörigen nicht loszulassen.

Weiter berichten die Angehörigen von Patienten mit Schizophrenie über größere Einschränkungen in der Teilnahme an Aktivitäten und in der Nutzung von Ressourcen sowie von höheren Kosten im Vergleich zu Angehörigen von Patienten mit anderen Erkrankungen oder zu Erwachsenen ohne erkrankten Angehörigen [52]. Finanzielle Mittel waren auch für die von uns befragten Angehörigen von großer Bedeutung. Oft beklagten sie, es fehlten die Mittel, um für sich selbst und den Erkrankten ausreichend sorgen zu können. Dieser Umstand wurde verschärft, wenn beispielsweise durch den Krankheitsfall des Partners ein Gehalt wegfiel. Die Angehörigen ihrerseits nutzten finanzielle Anreize bzw. finanzielle Abhängigkeit als Druckmittel, um den Patienten von einer Teilnahme an Therapien zu überzeugen.

4.2.3.2 Einbezug in die Behandlung

Die in unserer Studie befragten Angehörigen beklagten einen zu geringen Einblick in die Therapie des Patienten und zu geringen Einbezug in Behandlungsentscheidungen durch die behandelnden Ärzte und das GK. Dabei wäre es angesichts der oben angesprochenen Versorgungslast der Angehörigen gerade wichtig, sie verstärkt zu unterstützen und in das Therapiegeschehen stärker mit einzubeziehen [4, 43, 52, 53, 93]. Kallert et al. stellten fest, dass soziale Faktoren wie die Unterstützung der Patienten durch ihre Familie einen wichtigen Einfluss auf das Behandlungsergebnis von zwangseingewiesenen Patienten haben [75]. Hier könnten Angehörige als Ansprechpartner für die behandelnden Ärzte fungieren.

Außerdem konnte nachgewiesen werden, dass durch den Einbezug von Familienangehörigen in die Psychoedukation die Zahl der Rückfälle und der damit im Zusammenhang stehenden Wiederaufnahmen sinkt. Das soziale Funktionsniveau der Patienten und die Medikamentencompliance steigen [117]. Die DGPPN S3-Leitlinien zu psychosozialen Therapien bei schweren psychischen Erkrankungen empfehlen bereits einen Einbezug von Angehörigen in psychoedukative Maßnahmen, welcher sich als erfolgreich erwiesen habe. Weiter wird in den Leitlinien in Statement 3 und 4 die Wichtigkeit von Angehörigen und deren Stellung betont sowie die Notwendigkeit einer trialogischen Zusammenarbeit als Basis für eine offene, vertrauensvolle und erfolgreiche Kommunikation, um gemeinsame Ziele zu erreichen [28].

Der Einbezug von Angehörigen kann somit als gewünscht angesehen werden, funktioniert im klinischen Alltag aber nicht ausreichend, wie die interviewten Angehörigen zu bedenken geben [vgl. auch 25] und wie auch aus den Interviews mit den ärztlichen und pflegerischen Mitarbeitern hervorgeht. Dies mag bedingt sein durch den Mangel an finanziellen Mitteln in der Psychiatrie [4]. Er sollte jedoch in Anbetracht der Möglichkeiten für den Patienten und zur Unterstützung der Angehörigen unbedingt verbessert werden. Entscheidend sei es, das Engagement der Angehörigen zu würdigen und gleichzeitig ihre Belastung nicht aus den Augen zu verlieren [73].

4.3 Methodenkritik

4.3.1 Stichprobe

Bezogen auf die gewählte Stichprobe sind folgende Einschränkungen zu nennen: Einige Patienten befanden sich zum Zeitpunkt der Befragung in einem akuten Krankheitszustand. Sie konnten ihre unreflektierte Erfahrung mitteilen, doch waren sie von der Symptomatik teilweise stark eingeschränkt, zum Beispiel durch Danebenreden und Perseveration. Das erschwerte zum Teil die Durchführung und spätere Analyse der Interviews. Weiter führte dieser Umstand dazu, dass größere Textpassagen gar nicht verwendet werden konnten. Um einen umfassenderen Überblick zu erlangen, könnte überlegt werden, die Perspektiven durch Interviews mit ambulanten Patienten zu ergänzen. Sie könnten gegebenenfalls reflektierter über ihre Erfahrungen sprechen.

Ein theoretisches Sampling wurde im Rahmen der Möglichkeiten durchgeführt. Eine Beschränkung ergab sich durch die Rekrutierung von Mitarbeitern weniger Kliniken im Süden Deutschlands. Hier wurde möglicherweise keine theoretische Sättigung erreicht. Die Ähnlichkeit der erfassten Perspektiven resultiert vor allem aus der Gleichartigkeit der Erfahrungen und der gemeinsamen Arbeitspraxis der Teilnehmer, von denen einige sogar Arbeitskollegen waren. Trotz der aktiven Suche nach alternativen Stimmen blieben eventuell nicht alle Perspektiven der Berufsgruppen berücksichtigt. Bei den Angehörigen könnte ebenfalls vermutet werden, dass keine theoretische Sättigung erreicht wurde. Bei allen Gemeinsamkeiten in Bezug auf die geschilderten Belastungen wurden doch sehr heterogene Erfahrungen berichtet.

Die weitere Suche nach Ansprechpartnern nach dem Abschluss des Codierprozesses, wie es die GTM vorsieht [99], war technisch nicht möglich. Somit wurde eine Kompromisslösung gewählt. Zuerst wurden die geführten Interviews durchgesehen und zusammengefasst. Daraufhin erfolgte eine weitere Suche nach Ansprechpartnern. Idealerweise würde man zum jetzigen Zeitpunkt der Analyse die Thesen anhand neuer Interviews überprüfen, zum Beispiel in anderen Regionen Deutschlands [148].

4.3.2 Rahmenbedingungen und Methode der Datenerhebung

Als Hintergrund der Studie diente die in der Einleitung bereits erwähnte rechtliche Lage, nach der von Juli 2012 bis Februar 2013 in Baden-Württemberg nach Entscheidungen des Bundesverfassungsgerichts und des Bundesgerichtshofs medikamentöse Zwangsbehandlungen weder im Rahmen des Unterbringungsgesetzes § 8 noch nach Bürgerlichem Gesetzbuch § 1906 möglich waren. Eine medikamentöse Zwangsbehandlung war nach den Entscheidungen der obersten Gerichte nur im Sinne eines rechtfertigenden Notstands nach §34 Strafgesetzbuch möglich.

Bereits während der Datenerhebung kam die Anpassung des Betreuungsgesetzes § 1906 im Februar 2013 zum Tragen, nach dem unter klar definierten Umständen und richterlicher Entscheidung eine medikamentöse Zwangsbehandlung wieder möglich war [nach 138]. Das Unterbringungsgesetz wurde im Juli 2013 angepasst. Mit einem Teil der Teilnehmer wurde erst gesprochen, nachdem die Anpassungen schon vorgenommen waren. Sie berichteten retrospektiv über die klinische Situation während der oben beschriebenen rechtlichen Lage. Sie hatten daher offenbar einen geringeren Leidensdruck, der auch in ihren Interviews zum Ausdruck kommt. Gleichzeitig schien immer noch eine gewisse Handlungsunsicherheit und Unzufriedenheit zu herrschen, da der Gesetzesgeber noch nicht ausreichend Rechtssicherheit geschaffen habe.

Durch die Erhebung der Daten in Form eines problemzentrierten Interviews unter Zuhilfenahme eines Interviewleitfadens könnten folgende Limitationen entstanden sein: Der Interviewende übt immer, ob unbewusst oder bewusst, einen Einfluss auf den Gesprächspartner aus [vgl. auch mit 32, 143]. Dieser subjektive Einfluss kann kaum unterbunden werden und besteht natürlich ebenfalls auf der Seite des Interviewten. Dieser entscheidet selbst, was er erzählen will, und schildert seine subjektive Realitätswahrnehmung. Ebenfalls gibt der Interviewleitfaden bereits einen gewissen Erzählrahmen vor und lässt das Gespräch sich nicht völlig unabhängig entfalten [145].

4.3.3 Methode der Datenanalyse

Die GTM vertritt den Ansatz, eine Theorie anhand der Daten selbst zu entwickeln. Den Forschern wird die Möglichkeit gegeben, die Realität selbst zu befragen, um zu neuen Erkenntnissen zu gelangen und nicht vorgefertigte Ideen mit der Realität abzugleichen [50]. Die beschriebene Forschungshaltung kann als Prinzip der Offenheit verstanden werden [84, S. 20]. Trotz des Interviewleitfadens, der den Befragten Gelegenheit gab, sich zu allen im Rahmen der Fragestellung interessierenden Themen zu äußern, nutzten die Interviewten den Raum, jeweils ihre individuellen Akzente zu setzen. Im Sinne der Offenheit wurden diese Äußerungen als subjektive Realität betrachtet und analysiert.

Das verwendete Handlungsparadigma nach Strauss und Corbin [145, S. 78] diente als Strukturierungshilfe. Es unterstützte dabei, Zusammenhänge Schritt für Schritt offenzulegen. Durch die Anwendung des Paradigmas gestaltete sich die Analyse des Textmaterials jedoch komplexer. Teilweise stellten sich Einordnungsprobleme, welche vor der Verwendung nicht vorhanden waren. Durch das Anlegen einer Suchheuristik wurde der Fokus der Datenauswertung eingeengt und die Möglichkeit der Daten beschränkt, für selbst zu sprechen. Aufgrund der großen Datenmenge wurde jedoch eine Strukturierungshilfe benötigt, um unter Berücksichtigung der zeitlich und personell begrenzten Ressourcen eine dennoch aussagekräftige Auswertung leisten zu können.

Auch in diesem Schritt der Analyse beeinflusst der Forscher durch seine Wahrnehmung und Interpretation die Ergebnisse, was eine Beeinträchtigung der Objektivität zur Folge haben kann. Um trotzdem eine intersubjektive Nachvollziehbarkeit gewährleisten zu können, kamen die in 2.5 Gütekriterien erwähnten Maßnahmen zum Einsatz. Wird der Forschungsprozess als Dialog zwischen Forscher und Forschungsobjekt gesehen, kann sich Intersubjektivität in der qualitativen Forschung aus einer Anpassung der Methoden an das individuelle Forschungsobjekt sowie der Verständigung und dem Verstehen zwischen Forscher und Forschungsobjekt ergeben, was das Forschungsobjekt zum Subjekt macht [84, S. 12]. Weiter gilt zur Überprüfung von Objektivität die Betrachtung der inneren Stimmigkeit (internal coherence) und der äußeren Stimmigkeit (external coherence) [84, S. 156]. Dies wurde durch das Gegenüberstellen der Ergebnisse mit der aktuellen Literatur und der dargelegten Konsistenz des Forschungsprozesses erbracht.

4.4 Schlussfolgerung und Ausblick

4.4.1 Schlussfolgerung

Eine Studie, in der vier verschiedene Perspektiven in Bezug auf ein soziales Phänomen mit qualitativen Methoden ausgewertet wurden, ist in der hier dargestellten Form bislang einzigartig in der Versorgungsforschung. Hoge et al. beziehen ebenfalls die Perspektiven verschiedener Gruppen ein und stellen diese gegenüber, jedoch kommen in der Auswertung quantitative Methoden zum Einsatz [64].

Die trialogische Annäherung an die Problemsituation verdeutlicht, dass die Wahrnehmung von Zwang durch kontextbildende Faktoren bestimmt wird, wie etwa die Zugangsmöglichkeit zu Informationen, die therapeutische Beziehung zwischen Patient und Gesundheitsdienstleister [vgl. auch 118, 149] und die empfundene Verfahrensgerechtigkeit [64, vgl. auch 78, 123]. Die Wahrnehmung der Beschneidung von Autonomie kann als Motivation verstanden werden, Medikamente nicht weiter einzunehmen, um sich wieder als handlungsfähiges Subjekt zu fühlen. Gleichzeitig fühlen sich auch die anderen beteiligten Gruppen in ihrer Handlungsfreiheit eingeschränkt und ohnmächtig angesichts der verweigernden Patienten. Durch Zuhören und den Versuch, in einen Dialog zu treten, könnten Zwangsmaßnahmen verringert werden [vgl. auch 44]. Kommt es dann doch zu einer Sicherungsmaßnahme, kann das Verhalten der durchführende Ärzte und des GK [vgl. auch 88] sowie die davor bestehende therapeutische Beziehung entscheidenden Einfluss auf eine mögliche Traumatisierung haben.

Es gibt bereits Ansätze, Sicherungsmaßnahmen primär deeskalierend zu handhaben, beispielweise das »4-Stufen-Programm« [132]. Weiter kann auch das Führen von offenen Stationen das Behandlungsklima verbessern [141]. In Präzedenzfällen können eine klinische Ethikberatung oder eine pro- oder retrospektive ethische Fallberatung zum Einsatz kommen [61]. Um im klinischen Alltag die Patientensicht besser mit einbeziehen zu können, stellt die Integration von Psychiatrieerfahrenen in Form von Peerarbeit eine Möglichkeit dar, dies zu gewährleisten [26, 61].

Das Selbstbestimmungsrecht des Patienten und die therapeutische Beziehung können durch eine gemeinsame Behandlungsplanung und das Erarbeiten von Behandlungsvereinbarungen für den Fall eines künftigen Aufenthalts gestärkt werden. Eine weitere Möglichkeit, die Autonomie des Patienten durch patientenzentrierte Konzepte zu stärken, bietet sich durch den vermehrten Ausbau von aufsuchenden, integrierenden Versorgungssystemen in Form von multiprofessionellen Teams, eingebettet in ein gemeindepsychiatrisches Setting [85]. Eine solche Anbindung an das Gesundheitsversorgungssystem kann von Patienten als positiv wahrgenommen werden [149].

4.4.2 Ausblick

Aus den Ergebnissen können konkrete Handlungsempfehlungen abgeleitet werden. Das in sich schlüssige Handlungsparadigma bietet ein rasch verständliches und leicht anwendbares Analyseraster, das sichtbar machen kann, an welchen Stellen die Perspektiven konträr zueinander stehen, welche Themen und Bereiche des Konflikts bearbeitet werden sollten und wo sich Ansätze für Gemeinsamkeiten zeigen. Dies könnte sich, z. B. auch für die Weiterbildung von professionell Tätigen nutzen lassen.

Mit den Interviews könnte man eine weitere Analyse durchführen, ohne Verwendung des Handlungsparadigmas. Dadurch würde sich der gewählte Blickwinkel verändern und es ließen sich gegebenenfalls noch weitere für die Teilnehmer wichtige Themen beleuchten. Die Rolle der Angehörigen sollte in jedem Fall weiter in den Fokus der Forschung rücken. Die Belastung der Angehörigen könnte sich zukünftig durch eine Betonung ambulanter Versorgung in Behandlungskonzepten sogar noch verstärken [vgl. 25].

Die kurz- und langfristigen Behandlungsergebnisse von patientenzentrierter, individueller Behandlung sollten anhand von größer angelegten Studien untersucht und mit Ergebnissen aus herkömmlichen Behandlungskonzepten verglichen werden.

5 Zusammenfassung

Im Jahr 2011 stärkte das Bundesverfassungsgericht durch zwei Beschlüsse die Patientenautonomie, indem es die Möglichkeiten zur Anwendung von Zwangsbehandlungen in der Psychiatrie einschränkte. Durch das darauffolgende Urteil des Bundesgerichthofs vom 20.6.2012 war eine zwangsweise Behandlung nach dem Betreuungsgesetz nicht mehr möglich. Nach der Neufassung des Betreuungsrechts vom Februar 2013 ist eine zwangsweise Behandlung bei einsichtsunfähigen Patienten nur noch nach gesonderter richterlicher Genehmigung mit hohen Verfahrensanforderungen genehmigungsfähig.

Die Problematik der Zwangsbehandlung und des gestärkten Rechts auf Behandlungsverweigerung wird von Patienten, Ärzten und Angehörigen unterschiedlich erlebt. Ziel der Studie war es, ihre spezifischen Sichtweisen zu explorieren, Konfliktfelder aufzuzeigen und Ansätze für mögliche Lösungen zu finden.

In einer qualitativen Studie wurden mit Patienten, die die verordnete Medikation während ihres stationären Aufenthalts verweigert hatten, ihren Angehörigen sowie mit Ärzten und Pflegekräften problemzentrierte Leitfadeninterviews durchgeführt. Insgesamt wurden elf Patienten, acht Angehörige, sieben Gesundheits- und Krankheitspfleger sowie sechs Ärzte von allgemeinpsychiatrischen Stationen im süddeutschen Raum befragt. Da Patienten mit schizophrenen und bipolaren Erkrankungen erfahrungsgemäß am häufigsten von medikamentösen Zwangsbehandlungen betroffen sind, wurde die Patientenstichprobe auf diese Diagnosegruppen beschränkt. Die Interviews wurden aufgezeichnet und transkribiert. Es entstanden elfeinhalb Stunden Datenmaterial. Die Daten wurden in Anlehnung an die Grounded Theory Methodology mit Unterstützung durch das Computerprogrammes Atlas.ti ausgewertet. Die Interviews wurden mithilfe eines Modells analysiert, das an das Handlungsparadigma von Strauss und Corbin angelehnt ist.

Die Patienten und Angehörigen betrachteten die Verweigerung aus ihrer persönlichen Lebenssituation heraus, Ärzte und Pflegekräfte hingegen aus ihrem professionellen Blickwinkel. Die Perspektivendivergenz hatte große Auswirkungen auf das gegenseitige Verständnis. Jede Gruppe beklagte aus unterschiedlichen Gründen eine Einschränkung ihrer Handlungsfreiheit und wünschte sich tragfähige Lösungen, die auch die Idee einer gemeinsamen Entscheidungsfindung beinhalteten. Der rechtliche Rahmen war Pflegepersonal und Ärzten sehr viel bewusster als den Patienten selbst und prägte dadurch ihr Handeln sowie die wahrgenommenen Handlungsspielräume. Die Beschränkungen durch den rechtlichen Rahmen standen in erheblichem Konflikt mit dem Anspruch des medizinischen Personals an eine fachlich kompetente Arbeit und ihrem Verständnis davon, dem Patienten zu nützen und Schaden von ihm abzuwenden. Von den interviewten Angehörigen fühlten sich nicht wenige ohnmächtig gegenüber einer übermächtigen Erkrankung, einem eigenwilligen, durch die Symptome fremd gewordenen Angehörigen und einem Entlastung verheißenden, aber teils wenig transparenten Behandlungssystem. Durch die rechtlichen Bedingungen sahen sich die Angehörigen neuen Belastungen (zum Beispiel durch vorzeitige Entlassung) ausgesetzt. Bei den Patienten spielten das eigene Verständnis der Erkrankung und die Vorerfahrungen mit Behandlern, Medikamenten und Krankheitsfolgen eine zentrale Rolle. Für den Behandlungsalltag lassen sich folgende Handlungsempfehlungen ableiten: Eine patientenzentrierte Behandlung könnte eine Annäherung der Perspektiven ermöglichen. Durch eine gemeinsame Entscheidungsfindung in Form von einvernehmlicher Therapieplanung zwischen Therapeut und Patient und das Erarbeiten von Behandlungsvereinbarungen für mögliche künftige Aufenthalte könnte das Gefühl von Autonomie bei den Patienten gestärkt werden. Im Dialog mit dem Patienten bleiben, ihm zuhören, ihm das Gefühl geben, ernst genommen zu werden, sind auch wichtige Schritte, um Zwangssituationen zu vermeiden. Eine vertrauensvolle therapeutische Beziehung ist von großer Bedeutung für den Patienten und das Behandlungsergebnis. An Gewaltfreiheit und Deeskalation orientierte Stationskonzepte sollten weiterverfolgt und in den Alltag integriert werden, z.B. Möglichkeiten zur Öffnung der Türen und Integration von Peerberatern. Auch könnte der Ausbau individuell angepasster alternativer Behandlungsstrukturen und -angebote außerhalb der Station einer unfreiwilligen Aufnahme entgegenwirken, die durch den Verlust von Selbstbestimmung zu einer Verweigerungshaltung anregen kann. Kommt es im klinischen Alltag zu Krisensituationen, sollten primär mildere Mittel, beispielsweise deeskalierende Maßnahmen, durch das Gesundheits- und Krankenpflegepersonal und die Ärzte angewendet werden. Sind Zwangsmedikationen nicht zu vermeiden, sind die Mitarbeiter angehalten, die Traumatisierung der Patienten so gering wie möglich zu halten. Bei komplexen Fällen könnten klinische Ethikberatungen oder ethische Fallberatungen Anlaufstellen sein, um Lösungen zu finden.

6 Literaturverzeichnis

[1] Alegría M, Carson N, Flores M, Li X, Shi P, Lessios AS, Polo A, Allen M, Fierro M, Interian A, Jimenez A, La Roche M, Lee C, Lewis-Fernández R, Livas-Stein G, Safar L, Schuman C, Storey J, Shrout PE: Activation, self-management, engagement, and retention in behavioral health care: a randomized clinical trial of the DECIDE intervention. JAMA psychiatry 71: 557–565 (2014)

[2] Amering M, Stastny P, Hopper K: Psychiatric advance directives: qualitative study of informed deliberations by mental health service users. Br J Psychiatry 186: 247–252 (2005)

[3] Appelbaum PS, Grisso T: Assessing patients' capacities to consent to treatment. N Engl J Med 319: 1635–1638 (1988)

[4] Awad AG, Voruganti LNP: The burden of schizophrenia on caregivers: a review. Pharmacoeconomics 26: 149–162 (2008)

[5] Bauer M: The Narrative Interview Comments on a technique for qualitative data collection. London Sch Econ Polit Sci Pap Soc Res Methods 1: 1–19 (1996)

[6] Beauchamp TL: The philosophical basis of psychiatric ethics. In: Bloch S, Green SA (Hrsg) Psychiatric Ethics, 4. Auflage, Oxford University Press, Oxford, S. 29–49 (2009)

[7] Beitinger R, Kissling W, Hamann J: Trends and perspectives of shared decision-making in schizophrenia and related disorders. Curr Opin Psychiatry 27: 222–229 (2014)

[8] Berg C, Millmeister M: Im Dialog mit den Daten das eigene Erzählen der Geschichte finden: Über die Kodierverfahren der Grounded-Theory-Methodologie. In: Mey G, Mruck K (Hrsg) Grounded Theory Reader, 2. Aufl, Verlag für Sozialwissenschaften, Wiesbaden, S. 303–332 (2011)

[9] BGH: Beschluss vom 20. Juni 2012 – Az. XII ZB 99/12. https://openjur.de/u/435118.html (18.1.16)

[10] Bloch S, Green S: An ethical framework for psychiatry. Br J Psychiatry 188: 7–12 (2006)

[11] Boeije H: A purposeful approach to the constant comparative method in the analysis of qualitative interviews. Qual Quant 36: 391–409 (2002)

[12] Böhm A: Theoretisches Codieren: Textanalyse in der Grounded Theory. In: Flick U, von Kardoff E, Steinke I (Hrsg) Qualitative Forschung: Ein Handbuch, 7. Aufl, Rowohlt Taschenbuch, Reinbek bei Hamburg, S. 475--478 (2009)

[13] Borbé R: Patientenautonomie in der Psychiatrie. In: Wiesemann C, Simon A (Hrsg) Patientenautonomie Theoretische Grundlagen Praktische Anwendung, Mentis, Münster, S. 190–203 (2013)

[14] Borbé R, Jaeger S, Steinert T: Behandlungsvereinbarungen in der Psychiatrie. Psychiatr Prax 36: 7–15 (2009)

[15] Breuer F, Dieris B, Lettau A: Reflexive Grounded Theory, 2. Aufl, Verlag für Sozialwissenschaften, Wiesbaden (2010)

[16] Burns T, Yeeles K, Molodynski A, Nightingale H, Vazquez-Montes M, Sheehan K, Linsell L: Pressures to adhere to treatment (›leverage‹) in English mental healthcare. Br J Psychiatry 199: 145–150 (2011)

[17] BVerfG: Beschluss des Zweiten Senats vom 23. März 2011 – 2 BvR 882/09 – Rn. (1–83). BVerfGE 128, 282–322. (2011) http://www.bverfg.de/e/rs20110323_2bvr088209.html (18.1.16)

[18] BVerfG: Beschluss des Zweiten Senats vom 12. Oktober 2011 – 2 BvR 633/11 – Rn. (1–47), BVerfGE 129, 269–284 (2011) https://www.bundesverfassungsgericht.de/SharedDocs/Entscheidungen/DE/2011/10/rs20111012_2bvr063311.html (18.1.16)

[19] Campbell LA, Kisely SR: Advance treatment directives for people with severe mental illness. Cochrane Database Syst Rev : CD005963 (2009)

[20] Caqueo-Urízar A, Gutiérrez-Maldonado J, Miranda-Castillo C: Quality of life in caregivers of patients with schizophrenia: A literature review. Health Qual Life Outcomes 7: 84 (2009) http://hqlo.biomedcentral.com/articles/10.1186/1477-7525-7-84 (15.12.15)

[21] Carson AM, Lepping P: Ethical psychiatry in an uncertain world: conversations and parallel truths. Philos Ethics Humanit Med 4: 7 (2009) http://www.peh-med.com/content/4/1/7 (2.1.16)

[22] Charles C, Gafni A, Whelan T: Shared decision-making in the medical encounter: What does it mean? (Or it takes, at least two to tango). Soc Sci Med 44: 681–692 (1997)

[23] Chuang YH, Huang HT: Nurses' feelings and thoughts about using physical restraints on hospitalized older patients. J Clin Nurs 16: 486–494 (2007)

[24] Cleary M, Freeman A, Hunt GE, Walter G: Patient and carer perceptions of need and associations with care-giving burden in an integrated adult mental health service. Soc Psychiatry Psychiatr Epidemiol 41: 208–214 (2006)

[25] Cleary M, Freeman A, Walter G: Carer participation in mental health service delivery. Int J Ment Health Nurs 15: 189–194 (2006)

[26] Davidson L, Bellamy C, Guy K, Miller R: Peer support among persons with severe mental illnesses: a review of evidence and experience. World Psychiatry 11: 123–128 (2012)

[27] Deutsche Gesellschaft für Psychiatrie und Psychotherapie,Psychosomatik und Nervenheilkunde e. V. (DGPPN): Achtung der Selbstbestimmung und Anwendung von Zwang bei der Behandlung psychisch erkrankter Menschen. Nervenarzt 85: 1419–1431 (2014)

[28] DGPPN – Dt. Gesellschaft für Psychiatrie P und NB: S3-Leitlinie Psychosoziale Therapien bei schweren psychischen Erkrankungen. Springer, Berlin Heidelberg (2013)

[29] Dilling H, Mombour W, Schmidt MH: Internationale Klassifikation psychischer Störungen ICD-10 Kapitel V (F) Klinisch-diagnostische Leitlinien. 9. Aufl, Hans Huber, Bern, S. 125–169 (2014)

[30] Dourdouma A, Mörtl K: The creative journey of grounded theory analysis: A guide to its principles and applications. Res Psychother Psychopathol Process Outcome 15: 96–106 (2012)

[31] Dresing T, Pehl T: Praxisbuch Interview, Transkription & Analyse. Regelsysteme und Anleitungen für qualitative ForscherInnen. 4. Aufl, Marburg, S. 26–29 (2012)
[32] Elliott R, Fischer CT, Rennie DL: Evolving guidelines for publication of qualitative research studies in psychology and related fields. Br J Clin Psychol 38: 215–229 (1999)
[33] Entwistle VA, Cribb A, Watt IS: Shared decision-making: enhancing the clinical relevance. JRSM 105: 416–421 (2012)
[34] Entwistle VA, Watt IS: Patient involvement in treatment decision-making: The case for a broader conceptual framework. Patient Educ Couns 63: 268–278 (2006)
[35] Fangerau H: Medizin und geschlossene Unterbringung: Von der Spannung zwischen ärztlicher Ethik und gesellschaftlichem Auftrag. In: Dudeck M, Kaspar J, Lindemann M (Hrsg) Verantwortung und Zurechnung im Spiegel von Strafrecht und Psychiatrie,1. Aufl, Nomos, Baden-Baden, S. 73–87 (2014)
[36] Feiring E, Ugstad KN: Interpretations of legal criteria for involuntary psychiatric admission: a qualitative analysis. BMC Health Serv Res 14: 500 (2014) http://www.biomedcentral.com/1472-6963/14/500 (1.12.15)
[37] Finzen A, Haug H, Beck A, Lüthy D: Hilfe wider Willen. Zwangsmedikation im psychiatrischen Alltag. Psychiatrie-Verlag, Bonn (1993)
[38] Flammer E, Steinert T: Auswirkungen der vorübergehend fehlenden Rechtsgrundlage für Zwangsbehandlungen auf die Häufigkeit aggressiver Vorfälle und freiheitseinschränkender mechanischer Zwangsmaßnahmen bei Patienten mit psychotischen Störungen. Psychiatr Prax 42: 260–266 (2014)
[39] Flick U: Design und Prozess qualitativer Forschung. In: Flick U, von Kardoff E, Steinke I (Hrsg) Qualitative Forschung: Ein Handbuch, 7. Aufl, Rowohlt Taschenbuch, Reinbek bei Hamburg, S. 252–265 (2009)
[40] Flick U: Qualitative Sozialforschung: eine Einführung, 6. Aufl, Rowohlt Taschenbuch, Reinbek bei Hamburg, S. 371–421 (2014)
[41] Ganzini L, Volicer L, Nelson WA, Fox E, Derse AR: Ten Myths About Decision-Making Capacity. J Am Med Dir Assoc 5: 263–267 (2004)
[42] Gardner W, Hoge SK, Bennett N, Roth LH, Lidz CW, Monahan J, Mulvey EP: Two scales for measuring patients' perceptions for coercion during mental hospital admission. Behav Sci Law 11: 307–321 (1993)
[43] Gater A, Rofail D, Tolley C, Marshall C, Abetz-Webb L, Zarit SH, Berardo CG: »Sometimes It's Difficult to Have a Normal Life«: Results from a Qualitative Study Exploring Caregiver Burden in Schizophrenia. Schizophr Res Treatment 2014: 1–13 (2014)
[44] Gault I: Service-user and carer perspectives on compliance and compulsory treatment in community mental health services. Heal Soc Care Community 17: 504–513 (2009)
[45] Gault I, Gallagher A, Chambers M: Perspectives on medication adherence in service users and carers with experience of legally sanctioned detention and medication: a qualitative study. Patient Prefer Adherence: 787–799 (2013)
[46] Georgieva I, Mulder CL, Whittington R: Evaluation of behavioral changes and subjective distress after exposure to coercive inpatient interventions. BMC Psychiatry 12: 54 (2012) http://www.biomedcentral.com/1471-244X/12/54 (12.12.15)

[47] Georgieva I, Mulder CL, Noorthoorn E: Reducing seclusion through involuntary medication: A randomized clinical trial. Psychiatry Res 205: 48–53 (2013)

[48] Giacco D, Fiorillo A, Del Vecchio V, Kallert T, Onchev G, Raboch J, Mastrogianni A, Nawka A, Hadrys T, Kjellin L, Luciano M, De Rosa C, Maj M, Priebe S: Caregivers' appraisals of patients' involuntary hospital treatment: European multicentre study. Br J Psychiatry 201: 486–491 (2012)

[49] Gilburt H, Rose D, Slade M: The importance of relationships in mental health care: A qualitative study of service users' experiences of psychiatric hospital admission in the UK. BMC Health Serv Res 8: 92 (2008) http://www.biomedcentral.com/1472-6963/8/92 (10.12.15)

[50] Glaser BG, Strauss A: Grounded Theory: Strategien qualitativer Forschung. Hans Huber, Bern Göttingen Toronto, S. 15 (1998)

[51] Gläser J, Laudel G: Experteninterviews und qualitative Inhaltsanalyse, 4. Aufl, Verlag für Sozialwissenschaften, Wiesbaden (2010)

[52] Gupta S, Isherwood G, Jones K, Van Impe K: Productivity loss and resource utilization in individuals providing care for adults with schizophrenia in the EU. Value Heal 17: 593–602 (2014)

[53] Gupta S, Isherwood G, Jones K, Van Impe K: Assessing health status in informal schizophrenia caregivers compared with health status in non-caregivers and caregivers of other conditions. BMC Psychiatry 15: 162 (2015) http://bmcpsychiatry.biomedcentral.com/articles/10.1186/s12888-015-0547-1 (10.12.15)

[54] Haglund K, von Knorring L, von Essen L: Forced medication in psychiatric care: Patient experiences and nurse perceptions. J Psychiatr Ment Health Nurs 10: 65–72 (2003)

[55] Hamann J, Langer B, Winkler V, Busch R, Cohen R, Leucht S, Kissling W: Shared decision making for in-patients with schizophrenia. Acta Psychiatr Scand 114: 265–273 (2006)

[56] Hamann J, Mendel R, Cohen R, Heres S, Ziegler M, Bühner M, Kissling W: Psychiatrists' use of shared decision making in the treatment of schizophrenia: patient characteristics and decision topics. Psychiatr Serv 60: 1107–1112 (2009)

[57] Hamann J, Mendel R, Meier A, Asani F, Pausch E, Leucht S, Kissling W: »How to speak to your psychiatrist«: shared decision-making training for inpatients with schizophrenia. Psychiatr Serv 62: 1218–1221 (2011)

[58] Hamann J, Heres S: Adapting shared decision making for individuals with severe mental illness. Psychiatr Serv 65: 1483–1486 (2014)

[59] Hamann J, Kohl S, McCabe R, Bühner M, Mendel R, Albus M, Bernd J: What can patients do to facilitate shared decision making? A qualitative study of patients with depression or schizophrenia and psychiatrists. Soc Psychiatry Psychiatr Epidemiol (2015)

[60] Henking T, Bruns H: Rechtliche Rahmenbedingungen. In: Henking T, Vollmann J (Hrsg) Zwangsbehandlung psychisch kranker Menschen ein Leitfaden für die Praxis, 1. Aufl, Springer, Berlin Heidelberg, S. 29–89 (2015).

[61] Henking T, Vollmann J, Bruns H, Gather G: Überlegungen aus klinischethischer Perspektive. In: Henking T, Vollmann J (Hrsg) Zwangsbehandlung psychisch kranker Menschen ein Leitfaden für die Praxis, 1. Aufl, Springer, Berlin Heidelberg New York, S. 91–116 (2015)

[62] Hoenig J, Hamilton MW: The Schizophrenic Patient in the Community and His Effect On the Household. Int J Soc Psychiatry 12: 165–176 (1966)

[63] Hoge SK, Lidz CW, Eisenberg M, Gardner W, Monahan J, Mulvey E, Roth L, Bennett N: Perceptions of coercion in the admission of voluntary and involuntary psychiatric patients. Int J Law Psychiatry 20: 167–181 (1997)

[64] Hoge SK, Lidz CW, Eisenberg M, Monahan J, Bennett N, Gardner W, Mulvey EP, Roth L: Family, clinician, and patient perceptions of coercion in mental hospital admission: A comparative study. Int J Law Psychiatry 21: 131–146 (1998)

[65] Honneth A: Kampf um Anerkennung zur moralischen Grammatik sozialer Konflikte, 2.Aufl, Suhrkamp, Frankfurt am Main, S. 301 (1998)

[66] Høyer G: On the Justification for Civil Commitment. Acta Psychiatr Scand 101: 65–71 (2000)

[67] Husum TL, Bjørngaard JH, Finset A, Ruud T: A cross-sectional prospective study of seclusion, restraint and involuntary medication in acute psychiatric wards: patient, staff and ward characteristics. BMC Health Serv Res 10: 89 (2010) http://www.biomedcentral.com/1472-6963/10/89 (4.1.16)

[68] Ikäheimo H, Laitinen A: Identification, Acknowledgement, and Recognitive Attitudes towards Persons. In: Van den Brink B, Owen D (Hrsg) Recognition and Power Axel Honneth and the Tradition of Critical Social Theory, Cambridge University Press, Cambridge New York Melbourne, S. 33–57 (2007)

[69] Iversen KI, Høyer G, Sexton HC: Coercion and patient satisfaction on psychiatric acute wards. Int J Law Psychiatry 30: 504–511(2007)

[70] Jaeger M, Rossler W: Enhancement of outpatient treatment adherence: Patients' perceptions of coercion, fairness and effectiveness. Psychiatry Res 180: 48–53 (2010)

[71] Jaeger S, Pfiffner C, Weiser P, Längle G, Croissant D, Schepp W, Kilian R, Becker T, Eschweiler G, Steinert T: Long-term effects of involuntary hospitalization on medication adherence, treatment engagement and perception of coercion. Soc Psychiatry Psychiatr Epidemiol 48: 1787–1796 (2013)

[72] Jankovic J, Yeeles K, Katsakou C, Amos T, Morriss R, Rose D, Nichol P, McCabe R, Priebe S: Family caregivers' experiences of involuntary psychiatric hospital admissions of their relatives – a qualitative study. PLoS One 6: e25425 (2011)

[73] Jarrett M, Bowers L, Simpson A: Coerced medication in psychiatric inpatient care: literature review. J Adv Nurs 64: 538–548 (2008)

[74] Johansson H, Eklund M: Patients' opinion on what constitutes good psychiatric care. Scand J Caring Sci 17: 339–346 (2003)

[75] Kallert TW, Katsakou C, Adamowski T, Dembinskas A, Fiorillo A, Kjellin L, Mastrogianni A, Nawka P, Onchev G, Raboch J, Schützwohl M, Solomon Z, Torres-González F, Bremner S, Priebe S: Coerced hospital admission and symptom change – a prospective observational multi-centre study. PLoS One 6: e28191 (2011)

[76] Kasper JA, Hoge SK, Feucht-Haviar T, Cortina J, Cohen B: Prospective study of patients' refusal of antipsychotic medication under a physician discretion review procedure. Am J Psychiatry 154: 483–489 (1997)

[77] Katsakou C, Priebe S: Patient's experiences of involuntary hospital admission and treatment: a review of qualitative studies. Epidemiol Psichiatr Soc 16: 172–178 (2007)

[78] KATSAKOU C, ROSE D, AMOS T, BOWERS L, MCCABE R, OLIVER D, WYKES T, PRIEBE S: Psychiatric patients' views on why their involuntary hospitalisation was right or wrong: a qualitative study. Soc Psychiatry Psychiatr Epidemiol 47: 1169–1179 (2012)

[79] KISELY S, CAMPBELL LA, PRESTON N: Compulsory community and involuntary outpatient treatment for people with severe mental disorders. Cochrane Database Syst Rev : Cd004408 (2014)

[80] KITTO SC, CHESTERS J, Grbich C: Quality in qualitative research. Med J Aust 188: 243–246 (2008)

[81] KJELLIN L, ANDERSSON K, CANDEFJORD IL, PALMSTIERNA T, WALLSTEN T: Ethical benefits and costs of coercion in short-term inpatient psychiatric care. Psychiatr Serv 48: 1567–1570 (1997)

[82] KOCH T: Story telling: is it really research? J Adv Nurs 28: 1182–1190 (1998)

[83] KONOPÁSEK Z: Das Denken mit Atlas.ti sichtbar machen Computergestützte qualitative Analyse als textuelle Praxis. In: MEY G, MRUCK K (Hrsg) Grounded Theory Reader, 2. Aufl, Verlag für Sozialwissenschaften,Wiesbaden, S. 381–405 (2011)

[84] LAMNEK S, KRELL C: Qualitative Sozialforschung, 5.Aufl, Beltz, Weinheim Basel (2010)

[85] LANG FU, GÜHNE U, RIEDEL-HELLER SG, Becker T: Innovative patientenzentrierte Versorgungssysteme. Nervenarzt 86: 1313–1319 (2015)

[86] LANTHÉN K, RASK M, SUNNQVIST C: Psychiatric Patients Experiences with Mechanical Restraints. An Interview Study. Psychiatry J: 1–8 (2015)

[87] LAWN S, DELANY T, PULVIRENTI M, SMITH A, MCMILLAN J: A qualitative study examining the presence and consequences of moral framings in patients' and mental health workers' experiences of community treatment orders. BMC Psychiatry 15: 274 (2015) http://www.biomedcentral.com/1471-244X/15/274 (4.12.15)

[88] LÉGARÉ F, RATTÉ S, GRAVEL K, GRAHAM ID: Barriers and facilitators to implementing shared decision-making in clinical practice: Update of a systematic review of health professionals' perceptions. Patient Educ Couns 73: 526–535 (2008)

[89] LEUNG L: Validity, reliability, and generalizability in qualitative research. J Fam Med Prim Care 4: 324–327 (2015)

[90] LINCOLN TM, HEUMANN K, TEICHERT M: Das letzte Mittel? Ein Überblick über die politische Diskussion und den Forschungsstand zum Einsatz medikamentöser Zwangsbehandlung in der Psychiatrie. Verhaltenstherapie 24: 000–000 (2014) http://www.karger.com?doi=10.1159/000357649 (26.5.14)

[91] LINK B, CASTILLE DM, STUBER J: Stigma and coercion in the context of outpatient treatment for people with mental illnesses. Soc Sci Med 67: 409–419 (2008)

[92] LOOS S, NEUMANN P, ARNOLD K, SLADE M, FIORILLO A, KROGSGAARD BORDING M, IVANKA T, KAWOHL W, PUSCHNER B: Gemeinsame Entscheidungsfindung in der Behandlung von Patienten mit schweren psychischen Erkrankungen. Psychiatr Prax 40: 23–29 (2013)

[93] MAGLIANO L, FIORILLO A, DE ROSA C, MALANGONE C, MAJ M: Family burden in long-term diseases: a comparative study in schizophrenia vs. physical disorders. Soc Sci Med 61: 313–322 (2005)

[94] MALTERUD K: Qualitative research: standards, challenges, and guidelines. Lancet 358: 483–488 (2001)

[95] MAYRING P: Einführung in die qualitative Sozialforschung: eine Anleitung zu qualitativem Denken. Beltz, Weinheim (2002)
[96] MAYRING P: Qualitative Inhaltsanalyse. In: FLICK U, VON KARDOFF E, STEINKE I (Hrsg) Qualitative Forschung Ein Handbuch, 7. Aufl, Rowohlt Taschenbuch, Reinbek bei Hamburg, S. 468–475 (2009)
[97] MCCABE R, PRIEBE S: The Therapeutic Relationship in the Treatment of Severe Mental Illness: A Review of Methods and Findings. Int J Soc Psychiatry 50: 115–128 (2004)
[98] MENDÉZ J: Report of the Special Rapporteur on torture and other cruel, inhuman or degrading treatment or punishment, Juan E. Méndez. http://www.ohchr.org/Documents/HRBodies/HRCouncil/RegularSession/Session22/A.HRC.22.53_English.pdf (2.1.16)
[99] MERKENS H: Auswahlverfahren, Sampling, Fallkonstruktion. In: FLICK U, VON KARDOFF E, STEINKE I (Hrsg) Qualitative Forschung Ein Handbuch, 7. Aufl, Rowohlt Taschenbuch, Reinbek bei Hamburg, S. 286–298 (2009)
[100] MEY G: Adoleszenz, Identität, Erzählung, 1. Aufl, Köster, Berlin, S. 144 (1999)
[101] MEY G, MRUCK K: Interviews. In: MEY G, MRUCK K (Hrsg) Handbuch Qualitative Forschung in der Psychologie, 1. Aufl, Verlag für Sozialwissenschaften, Wiesbaden, S. 423–436 (2010)
[102] MEY G, MRUCK K: Grounded-Theory-Methodologie. In: MEY G, MRUCK K (Hrsg) Handbuch Qualitative Forschung in der Psychologie, 1. Aufl, Verlag für Sozialwissenschaften, Wiesbaden, S. 614–627 (2010)
[103] MONAHAN J, REDLICH AD, SWANSON J, ROBBINS PC, APPELBAUM PS, PETRILA J, STEADMAN HJ, SWARTZ M, ANGELL B, MCNIEL DE: Use of leverage to improve adherence to psychiatric treatment in the community. Psychiatr Serv 56: 37–44 (2005)
[104] MÖRTL K: Hilfreiche Faktoren in der Psychosomatischen Tagesklinik aus Patientensicht . Eine qualitative Studie. Med. Dissertation, Universität Ulm (2008)
[105] MUCKEL P: Die Entwicklung von Kategorien mit der Methode der Grounded Theory. In: MEY G, MRUCK K (Hrsg) Grounded Theory Reader, 2. Aufl, Verlag für Sozialwissenschaften, Wiesbaden, S. 333–337 (2011)
[106] MUHR T: Atlas.ti. Berlin (2015)
[107] MÜLLER S, WALTER H, KUNZE H, KONRAD N, HEINZ A: [Compulsory treatment under legal uncertainty: part 1: the current legal situation on compulsory treatment of patients with psychiatric disorders incapable of consenting]. Nervenarzt 83: 1142–1149 (2012)
[108] MÜLLER S, WALTER H, KUNZE H, KONRAD N, Heinz A: [Compulsory treatment under legal uncertainty: part 2: consequences of legal uncertainty in clinical practice – suggestions for improvement]. Nervenarzt 83: 1150–1155 (2012)
[109] Nations U: Übereinkommen über die Rechte von Menschen mit Behinderungen. http://www.un.org/Depts/german/uebereinkommen/ar61106-dbgbl.pdf (2.1.16)
[110] Nations U: General comment No. 1 (2014) Article 12: Equal recognition before the law. http://daccess-dds-ny.un.org/doc/UNDOC/GEN/G14/031/20/PDF/G1403120.pdf?OpenElement (6.2.16)
[111] NEWTON-HOWES G, MULLEN R: Coercion in psychiatric care: systematic review of correlates and themes. Psychiatr Serv 62: 465–470 (2011)

[112] O'Donoghue B, Lyne J, Hill M, Larkin C, Feeney L, O'Callaghan E: Involuntary admission from the patients' perspective. Soc Psychiatry Psychiatr Epidemiol 45: 631–638 (2010)
[113] O'Donoghue B, Roche E, Shannon S, Lyne J, Madigan K, Feeney L: Perceived coercion in voluntary hospital admission. Psychiatry Res 215: 120–126 (2014)
[114] Olofsson B: Use of coercion in psychiatric care as narrated by patients, nurses and physicians. Nord J Psychiatry 54: 295–296 (2000)
[115] Olofsson B, Jacobsson L: A plea for respect: Involuntarily hospitalized psychiatric patients' narratives about being subjected to coercion. J Psychiatr Ment Health Nurs 8: 357–366 (2001)
[116] Owiti JA, Bowers L: A narrative review of studies of refusal of psychotropic medication in acute inpatient psychiatric care. J Psychiatr Ment Health Nurs 18: 637–647 (2011)
[117] Pharoah F, Mari J, Rathbone J, Wong W: Familiy intervention for schizophrenia. Cochrane Database Syst Rev 12: CD000088 (2014)
[118] Pridham KMF, Berntson A, Simpson AIF, Law SF, Stergiopoulos V, Nakhost A: Perception of Coercion Among Patients With a Psychiatric Community Treatment Order: A Literature Review. Psychiatr Serv 67: 16–28 (2016)
[119] Priebe S, Katsakou C, Amos T, Leese M, Morriss R, Rose D, Wykes T, Yeeles K: Patients' views and readmissions 1 year after involuntary hospitalisation. Br J Psychiatry 194: 49–54 (2009)
[120] Quirk A, Chaplin R, Lelliott P, Seale C: How pressure is applied in shared decisions about antipsychotic medication: A conversation analytic study of psychiatric outpatient consultations. Sociol Heal Illn 34: 95–113 (2012).
[121] Ranieri V, Madigan K, Roche E, Bainbridge E, McGuinness D, Tierney K, Feeney L, Hallahan B, McDonald C, O'Donoghue B: Caregivers' perceptions of coercion in psychiatric hospital admission. Psychiatry Res 228: 380–385 (2015)
[122] Salat J, Halbmayr E: Theoretisches bzw. gezieltes Sampling. http://www.univie.ac.at/ksa/elearning/cp/qualitative/qualitative-9.html (13.10.15)
[123] Salize HJ, Dressing H: Coercion, involuntary treatment, and quality of mental health care: is there any link? Curr Opin Psychiatry: 1–10 (2005)
[124] Schütte W: ATLAS.ti 5 – ein Werkzeug zur qualitativen Datenanalyse. Gesprächsforsch – Online-Zeitschrift zur verbalen Interaktion 8: 57–72 (2007)
[125] Schütze F: Biographieforschung und narratives Interview. Neue Prax 13: 283–293 (1983)
[126] Sibitz I, Scheutz A, Lakeman R, Schrank B, Schaffer M, Amering M: Impact of coercive measures in life stories: qualitative study. Br J Psychiatry: 239–244 (2011)
[127] Sjöstrand M, Eriksson S, Juth N, Helgesson G: Paternalism in the Name of Autonomy. J Med Philos 38: 710–724 (2013)
[128] Sjöstrand M, Karlsson P, Sandman L, Helgesson G, Eriksson S, Juth N: Conceptions of decision-making capacity in psychiatry: interviews with Swedish psychiatrists. BMC Med Ethics 16:34 (2015) http://www.biomedcentral.com/1472-6939/16/34 (4.12.15)
[129] Sjöstrand M, Sandman L, Karlsson P, Helgesson G, Eriksson S, Juth N: Ethical deliberations about involuntary treatment: interviews with Swedish

psychiatrists. BMC Med Ethics 16: 37 (2015) http://www.biomedcentral.com/1472-6939/16/37 (4.12.15)

[130] Steinert T, Schmid P: Effect of voluntariness of participation in treatment on short-term outcome of inpatients with schizophrenia. Psychiatr Serv 55: 786–791 (2004)

[131] Steinert T, Kallert TW: [Involuntary medication in psychiatry]. Psychiatr Prax 33: 160–169 (2006)

[132] Steinert T: Nach 200 Jahren Psychiatrie: Sind Fixierungen in Deutschland unvermeidlich? Psychiatr Prax 38: 348–351 (2011)

[133] Steinert T: Berechtigte Befürchtungen. Die Stellungnahme der DGPPN zum Verbot der Zwangsbehandlung durch das Bundesverfassungsgericht. Psychosoz Umschau: 30–32 (2012)

[134] Steinert T, Müller J, Finzen A, Gründer G, Pollmächer T, Simon A, Spengler A, Maier W, Falkai P: Memorandum der DGPPN zur Autonomie und Selbstbestimmung von Menschen mit psychischen Störungen. Nervenarzt 83: 1491–1493 (2012)

[135] Steinert T: Autonomie und Zwang. In: Rössler W, Kawohl W (Hrsg) Soziale Psychiatrie, 1. Aufl, Kohlhammer, S. 428–438 (2013)

[136] Steinert T: Was ist eine Zwangsmedikation? Psychiat Prax: 397 (2013)

[137] Steinert T, Borbé R: Psychiatrische Zwangsbehandlung. Im Spannungsfeld höchstrichterlicher Rechtsprechung UN-Behindertenrechtskonvention und Behandlungsleitlinien. Kerbe Forum für Soz Psychiatr: 31–34 (2013)

[138] Steinert T, Borbé R: Zwangsbehandlung. PSYCH up2date 7: 185–196 (2013)

[139] Steinert T: Die Zwangsbehandlung im Maßregelvollzug und in der klinischen Psychiatrie nach den Entscheidungen des Bundesverfassungsgerichts. In: Dudeck M, Kaspar J, Lindemann M (Hrsg), 1. Aufl, Nomos, Baden-Baden, S. 167–192 (2014)

[140] Steinert T, Noorthoorn EO, Mulder CL: The Use of Coercive Interventions in Mental Health Care in Germany and the Netherlands. A Comparison of the Developments in Two Neighboring Countries. Front Public Heal 2: 1 (2014) http://journal.frontiersin.org/article/10.3389/fpubh.2014.00141/abstract (5.1.16)

[141] Steinert T: Zwangbehandlungen aus der Perspektive der klinischen Psychiatrie: Evidenz und Good Clinical Practice. In: Henking T, Vollmann J (Hrsg) Zwangsbehandlung psychisch kranker Menschen ein Leitfaden für die Praxis, 1. Aufl, Springer, Berlin Heidelberg New York, S. 1–18 (2015)

[142] Steinert T: Vortrag Konsensorientierte Verfügungen. DGPPN Kongress 2015, Berlin (2015)

[143] Steinke I: Gütekriterien qualitativer Forschung. In: Flick U, von Kardoff E, Steinke I (Hrsg) Qualitative Forschung ein Handbuch, 7. Aufl, Rowohlt Taschenbuch, Reinbek bei Hamburg, S. 319–332 (2009)

[144] Stigler H, Felbinger G: Der Interviewleitfaden im qualitativen Interview. In: Stigler H, Reicher H (Hrsg) Praxisbuch empirische Sozialforschung in den Erziehungs- und Bildungswissenschaften, Studien, Innsbruck, S. 129–133 (2005)

[145] Strauss A, Corbin J: Grounded Theory Grundlagen Qualitativer Sozialforschung. Beltz, Weinheim (1996)

[146] Strauss A, Corbin J: Basics of Qualitative Research Techniques and Procedures for Developing Grounded Theory, 2. Aufl, Sage Publications,Thousands Oaks London New Dehli (1998)

[147] Street RL, Makoul G, Arora NK, Epstein RM: How does communication heal? Pathways linking clinician–patient communication to health outcomes. Patient Educ Couns 74: 295–301 (2009)
[148] Strübing J: Grounded Theory – zur sozialtheoretischen und epistemologischen Fundierung des Verfahrens der empirisch begründeten Theoriebildung, 2. Aufl, Verlag für Sozialwissenschaften, Wiesbaden (2008)
[149] Stuen HK, Rugkåsa J, Landheim A, Wynn R: Increased influence and collaboration: a qualitative study of patients' experiences of community treatment orders within an assertive community treatment setting. BMC Health Serv Res 15: 409 BMC Health Services Research (2015) http://www.biomedcentral.com/1472-6963/15/409 (2.12.15)
[150] Swanson JW, Swartz MS, Elbogen EB, Wagner HR, Burns BJ: Effects of involuntary outpatient commitment on subjective quality of life in persons with severe mental illness. Behav Sci Law 21: 473–491 (2003)
[151] Sweeney A, Gillard S, Wykes T, Rose D: The role of fear in mental health service users' experiences: a qualitative exploration. Soc Psychiatry Psychiatr Epidemiol: 1079–1087 (2015)
[152] Theodoridou A, Schlatter F, Ajdacic V, Rössler W, Jäger M: Therapeutic relationship in the context of perceived coercion in a psychiatric population. Psychiatry Res 200: 939–944 (2012)
[153] Thornicroft G, Farrelly S, Szmukler G, Birchwood M, Waheed W, Flach C, Barrett B, Byford S, Henderson C, Sutherby K, others: Clinical outcomes of Joint Crisis Plans to reduce compulsory treatment for people with psychosis: a randomised controlled trial. Lancet 381: 1634–1641
[154] Vaddadi KS, Soosai E, Gilleard CJ, Adlard S: Mental illness, physical abuse and burden of care on relatives: a study of acute psychiatric admission patients. Acta Psychiatr Scand 95: 313–317 (1997)
[155] Van Dorn RA, Elbogen EB, Redlich AD, Swanson JW, Swartz MS, Mustillo S: The relationship between mandated community treatment and perceived barriers to care in persons with severe mental illness. Int J Law Psychiatry 29: 495–506 (2006)
[156] Veltkamp E, Nijman H, Stolker JJ, Frigge K, Dries P, Bowers L: Patients' preferences for seclusion or forced medication in acute psychiatric emergency in the Netherlands. Psychiatr Serv 59: 209–211 (2008)
[157] Wenzler-Cremer H: Pädagogische Hochschule Freiburg: Grounded Theory. https://www.phfreiburg.de/quasus/einstiegstexte/datenauswertung/grounded-theory.html (14.10.15)
[158] Witzel A: Das problemzentrierte Interview 2 Die Grundpositionen des problemzentrierten Interviews. Forum Qual Sozialforsch 1: 22 (2000) http://www.qualitative-research.net/index.php/fqs/article/view/%201132/2519 (15.11.13)
[159] Woltmann EM, Whitley R: Shared decision making in public mental health care: Perspectives from consumers living with severe mental illness. Psychiatr Rehabil J 34: 29–36(2010)
[160] Zentrale Ethikkommission der Bundesärztekammer: Stellungnahme der Zentralen Kommission zur Wahrung ethischer Grundsätze in der Medizin und ihren Grenzgebieten (Zentrale Ethikkommission) bei der Bundesärztekammer Zwangsbehandlungen bei psychischen Erkrankungen. Dtsch Arztebl 110: A 1334–1338 (2013)

[161] Zinkler M: Neuregelung von Zwang – ein Auftrag für die Fachgesellschaft? Legal Regulation of Coercion in Psychiatry – a Task for the Professional. Psychiat Prax 40: 115–116 (2013)
[162] Zinkler M, Koussemou JM: Nach den Entscheidungen des Bundesverfassungsgerichts und des Bundesgerichtshofs zur Zwangsbehandlung. drei Fallberichte. R und Psychiatr : 76–79 (2013)

Danksagung

Ich möchte mich in erster Linie bei meinem Doktorvater, Herrn Prof. Dr. med. Tilman Steinert für die Überlassung des Themas sowie die stetige Unterstützung bei der Umsetzung des Forschungsprojekts und Verfassung der vorliegenden Arbeit bedanken.

Mein Dank gilt weiter Frau Dr. rer. nat. Susanne Jaeger, die mir als meine Betreuerin immer mit Rat und Tat zur Seite stand, mich bei jeder Etappe des Projekts unterstützte und immer ansprechbar war bei Fragen oder Problemen und half, die dazu passenden Lösungen zu finden.

Ich bedanke mich bei meiner Familie, Freundinnen und Freunden. Ohne ihre Unterstützung und Motivation wäre die Arbeit nicht möglich gewesen.

Weiter danke ich den Mitarbeiterinnen und Mitarbeitern an den Intervieworten für die Hilfe bei der Rekrutierung der Teilnehmerinnen und Teilnehmer sowie der Durchführung des Projekts.

Den größten Beitrag leisteten diejenigen, die sich die Zeit genommen haben, mit mir über ihre Sicht der Behandlungsverweigerung zu sprechen. Ich danke allen Teilnehmerinnen und Teilnehmern an der Studie für ihre Zeit, ihr Vertrauen und ihre Offenheit.

Die Autorinnen und Autoren

Franziska Teresa Charlotte Hüther ist approbierte Ärztin und hat mit der vorliegenden Arbeit an der Universität Ulm im Fach der Humanmedizin promoviert. Sie ist seit Mai 2016 Assistenzärztin in der Abteilung für Herz- und Gefäßchirurgie am Robert-Bosch-Krankenhaus in Stuttgart.

Susanne Jaeger ist Diplom-Psychologin und arbeitet seit 2005 als wissenschaftliche Mitarbeiterin im Bereich der psychiatrischen Versorgungsforschung in der Klinik für Psychiatrie und Psychotherapie I der Universität Ulm in Ravensburg/Weißenau (ZfP Südwürttemberg). Nach dem Studium war sie in der Projektgruppe Friedensforschung an der Universität Konstanz als wissenschaftliche Mitarbeiterin tätig, zuletzt in einem von der Deutschen Stiftung Friedensforschung geförderten Projekt zur Rolle von Nachkriegsberichterstattung für Frieden und Versöhnung, in dessen Rahmen sie 2008 promovierte. Aktuell beschäftigt sie sich mit den Themen Lebensqualität bei chronischer psychischer Erkrankung, Umgang mit Behandlungsempfehlungen und mit der Entwicklung von Menschen mit seelischer Behinderung in unterstützten Wohnformen .

Tilman Steinert geb. 1957 in Stuttgart, Studium der Humanmedizin in Ulm. Facharztweiterbildung in Innere Medizin, ab 1987 Psychiatrie, Neurologie und Psychotherapie in Zwiefalten und Weissenau. Zunächst Oberarzt, 2001–2013 Chefarzt der Abteilung Allgemeinpsychiatrie, seit 2013 Ärztlicher Direktor.
Seit 2006 Mitglied der Geschäftsleitung der Zentren für Psychiatrie Baden-Württemberg, Leiter des Zentralbereichs Forschung und Lehre, 2017 Berufung als Honorarprofessor und Leiter der Klinik für Psychiatrie und Psychotherapie I der Universität Ulm.
Diverse Preise, federführender Autor der DGPPN S3-Leitlinie Therapie aggressiven Verhaltens und Prävention von Zwang. Circa 250 publizierte Artikel in Fachzeitschriften, zahlreiche Buchbeiträge, fünf Monografien. Herausgeber psychiatrischer Fachzeitschriften (Psychiatrische Praxis, Frontiers in Public Mental Health)

Die Materialien zum Forschungsprojekt dieser Dissertation (u. a. Interviewleitfäden und Codebücher) sind beim Psychiatrie Verlag online unter https://www.psychiatrie-verlag.de/buecher/detail/book-detail/behandlungsverweigerung-patientenautonomie-und-zwangsmedikation-1.html abrufbar.